多維視角下新疆益貧式增長研究

張慶紅 著

序　言

　　1997年英國國際發展白皮書中首次出現「益貧式增長」這一術語，隨後它相繼出現在1999年亞洲開發銀行報告和2000年世界銀行的世界發展報告中。「益貧式增長」實際上是指，高速的經濟增長和對窮人有利的收入分配相結合能夠最大化促進絕對貧困的下降。在關於益貧式增長的討論中，人們普遍強調益貧式增長是「擴大窮人的機會和提高窮人的能力，以便窮人能夠更多地參與到經濟活動中，並從中獲得更多的好處」。而實現益貧式增長則需要採取刺激經濟增長的政策以及確保窮人能夠在經濟增長中得到機會的政策，這一點在眾多相關分析中不斷被強調。總體來說，益貧式增長理論認為，即使是總體經濟增長和減貧情況良好的國家，也會有相當比例的窮人在經濟增長過程中被邊緣化而無法逃脫貧困。經濟增長對減貧是必要的，但合適的經濟增長模式同樣重要。我們需要發現哪一種經濟增長模式對窮人更有利，對減貧更有利，從而制定相應的政策以實現這種增長模式。

　　一些國內學者嘗試結合中國國情進一步理解益貧式增長的價值及其重要性，認為益貧式增長強調了公平的經濟增長模式，體現了基於提高人的能力、消除社會排斥為主要手段的反貧困理念，可以有效地防止中國經濟陷入有增長無發展的「陷阱」。此類研究為新形勢下中國經濟增長模式的轉變提供了有價值的參考。十八大以後，改變經濟增長方式，

優化收入分配格局已經成為全社會的共識。在這個背景下研究探索中國益貧式增長的理論和經驗，關注有利於窮人的經濟增長模式顯得尤為重要。而結合中國發展階段和減貧時段進一步理解益貧式增長的內涵，並構建出符合中國國情的益貧式增長理論框架，將成為今後國內經濟學家進一步研究的方向。

益貧式增長是發展經濟學的一個新領域，其實質是對窮人有利的經濟增長。當前國際上對益貧式增長的研究主要集中在收入維度，認為只有將經濟增長和對窮人有利的收入分配相結合才能實現貧困下降最大化。隨著人們對貧困概念的理解的不斷深入，目前學界普遍認為貧困是一個多維現象，包括收入、教育、健康、營養、服務等多個維度。既然貧困是多維度的，那麼益貧式增長也應從多維角度來理解。

長期以來，經濟增長為新疆的收入貧困的減少做出了巨大貢獻。但是20世紀90年代以後，新疆減貧進程明顯放緩，經濟增長帶來的減貧效果沒有以前明顯。從貧困的多維特徵來考慮可以知道，貧困群眾在醫療衛生、教育和安全飲用水等方面的貧困和不平等情況更加嚴重。曾經取得的減貧成果和目前不平等的現實情況形成了鮮明對比，這引發了對新疆經濟增長是否有益於貧困人口的質疑。那麼，現階段新疆的經濟增長模式是否對多維貧困人口有利？在多大程度上對多維貧困人口有利？經濟增長本身對減少多維貧困是否是最重要的？哪種增長能夠使貧困人口的福利最大化？上述問題的回答對解決新時期新疆貧困問題具有重大的理論意義和現實意義。

本書是在筆者主持的教育部人文社科基金項目結項成果「新疆多維益貧式增長判斷及路徑選擇」（項目批准號：13XJJC790001）的基礎上形成的。本書全面深入地分析了新疆經濟增長、多維貧困和不平等的現狀以及它們之間的內在聯繫，利用GIC曲線從收入、健康、教育維度測度了2002年至2014年新疆經濟增長的益貧性，並參考亞洲國家益貧式

增長的經驗，在此基礎上提出了實現新疆多維益貧式增長的路徑。分析結果表明，物價上漲尤其是食品類消費品價格的快速上漲，對城鄉尤其是農村收入貧困人口的負面影響遠高於非貧困人口；在新疆農村不同收入群體之間，國民收入在初次分配和再分配過程中不斷向高收入群體傾斜，不利於中低收入群體增加收入；農村收入增長不具有益貧性，但是教育和健康增長具有較強的益貧性；城鎮收入增長具有較強的益貧性，但健康增長的益貧性較弱，教育則不具有益貧性；新疆城鄉經濟增長的減貧效果和反應不平等程度的基尼系數存在高度相關性，這表明經濟增長並非一定有利於多維貧困的減少；貧困人口的收入增長並不一定帶來其非收入福利方面的改善；新疆經濟增長必須以更加益貧為目標，通過提高經濟增長的質量和降低收入分配、獲得醫療和教育的機會等方面的不平等程度，確保貧困人口的人均收入和福利等得到改善；新疆未來實施益貧式增長發展戰略，必須考慮效率和公平之間的關係問題。新階段新疆益貧式增長路徑應是經濟增長－基本公共服務均等化－多維貧困治理三位一體，通過提高貧困人口的勞動參與率、提高基本公共服務均等化水平、拓寬貧困治理思路、完善社會最低保障制度等多元化路徑來實現。這些建議是基於課題組成員近年來對相關領域的研究和審慎思考而提出來的，富有啓發性和借鑑價值。

  儘管課題組取得的成果是豐碩的，但是我們也意識到，由於數據的局限和研究視角的關係，還有許多與新疆多維益貧式增長相關的重要議題尚未深入涉及。如新疆是少數民族聚居區，經濟增長對不同民族的多維貧困有不同影響，在未來的進一步研究中可以考慮不同民族多維益貧式增長的情況；此外，新疆貧困除了收入、健康、教育維度外，還有其他維度，未來研究可以結合新疆實際情況，進一步將多維益貧式增長擴展到其他重要維度，等等。這些遺憾只能留待日後時機成熟時再彌補。

  這一課題所取得的重要進展，離不開課題組成員的辛勤努力和智力

投入。新疆財經大學張慶紅副教授提出研究思路並擬定大綱,並與各位成員詳細討論研究細節;課題組主要成員——新疆農業大學夏咏教授、新疆財經大學阿迪力·努爾教授、新疆財經大學陳小昆教授以及新疆財經大學青年教師張雄參與了課題前期研究、調研、討論或後期成果整理。在課題研究的三年(2014—2016年)期間裡,課題組共發表論文二十餘篇,參加了一系列的國內學術討論。最後,在前期研究基礎上由張慶紅和夏咏進一步完善整理並形成專著。書稿完成後,由張慶紅統一修訂完善。

張慶紅

2016年11月

目　錄

第一部分　緒論 / 1

　　一、研究的背景及意義 / 1

　　　　（一）研究背景 / 1

　　　　（二）選題的意義 / 4

　　二、國內外文獻綜述 / 6

　　　　（一）對經濟增長與貧困之間的關係研究 / 6

　　　　（二）對益貧式增長的概念研究 / 8

　　　　（三）對益貧式增長測度方法的研究 / 10

　　　　（四）對益貧式增長測度的實證研究 / 11

　　　　（五）對益貧式增長的實現途徑研究 / 14

　　　　（六）簡評與結語 / 21

第二部分　益貧式增長的識別、測度及相關理論基礎 / 22

　　一、從收入貧困到多維貧困 / 22

　　　　（一）貧困概念的延伸 / 22

　　　　（二）收入貧困與非收入貧困之間的關係 / 25

　　二、益貧式增長思想發展歷程及理論基礎 / 25

　　　　（一）益貧式增長的思想發展歷程 / 25

（二）益貧式增長的理論基礎
　　——增長、不平等和貧困的關係 / 28

三、對益貧式增長內涵的不同理解 / 29
　　（一）幾種應用廣泛的益貧式增長定義 / 29
　　（二）對益貧式增長定義的討論 / 30

四、幾種常見的益貧式增長測度方法 / 34
　　（一）貧困的增長彈性（growth elasticity of poverty, GEP）/ 34
　　（二）GIC 曲線和益貧式增長率 / 35
　　（三）益貧式增長指數（Pro-Poor Growth Index, PPGI）/ 35
　　（四）貧困等值增長率（Poverty-Equivalent Growth Rate, PEGR）/ 36

五、本研究對益貧式增長概念的界定及採用的模型方法 / 36
　　（一）益貧式增長概念的界定 / 36
　　（二）益貧式增長判斷的模型方法 / 37

第三部分　新疆經濟增長、多維貧困和不平等現狀分析 / 42

一、新疆經濟增長現狀分析 / 42
　　（一）新疆經濟增長與國內其他地區的比較 / 42
　　（二）新疆內部不同區域間經濟增長的差異分析 / 46

二、新疆收入貧困和不平等現狀分析 / 50
　　（一）新疆城鎮收入貧困和不平等現狀分析 / 50
　　（二）新疆農村收入貧困和不平等現狀分析 / 58

三、新疆非收入貧困和不平等現狀分析 / 65
　　（一）新疆教育貧困和不平等現狀分析 / 65
　　（二）新疆健康貧困和不平等現狀分析 / 69

四、新疆多維貧困現狀分析——以新疆南疆三地州為例 / 73

（一）研究方法／ 74

（二）結果與分析／ 78

五、小結／ 84

第四部分　新疆多維益貧式增長的測度與判斷／ 87

一、模型及數據來源／ 89

（一）GIC 曲線／ 89

（二）考慮物價上漲的 GIC 曲線／ 90

（三）數據及數據來源／ 90

二、新疆城鎮多維益貧式增長分析／ 92

（一）收入益貧式增長分析／ 92

（二）教育益貧式增長分析／ 96

（三）健康益貧式增長分析／ 98

（四）多維益貧式增長分析／ 99

三、新疆農村多維益貧式增長分析／ 102

（一）收入益貧式增長分析／ 102

（二）教育益貧式增長分析／ 106

（三）健康益貧式增長分析／ 108

（四）多維益貧式增長分析／ 110

四、小結／ 112

第五部分　益貧式增長的實踐：來自亞洲國家的經驗／ 119

一、印度尼西亞的益貧式增長／ 120

（一）印度尼西亞的經濟增長、貧困和不平等／ 120

（二）印度尼西亞實現益貧式增長的實踐／ 122

二、印度的益貧式增長／ 124

（一）印度的經濟增長、多維貧困和不平等／ 124

（二）印度益貧式增長實踐 / 126

　一、越南益貧式增長的實踐 / 128

　　（一）越南的經濟增長、多維貧困和不平等 / 128

　　（二）越南實現益貧式增長的實踐 / 130

　四、孟加拉國 / 132

　　（一）孟加拉國的經濟增長、多維貧困和不平等 / 132

　　（二）孟加拉國益貧式增長的實踐 / 132

　五、小結 / 135

第六部分　新疆多維益貧式增長的實現路徑 / 141

　一、提高貧困人口的勞動參與率，實現增長的益貧性 / 142

　　（一）促進經濟增長和就業 / 142

　　（二）增加貧困人口的資產基礎 / 145

　二、提高基本公共服務均等化，促進發展的公平性 / 146

　　（一）提供更加公平的教育機會 / 147

　　（二）改善農村醫療服務的水平和質量 / 148

　三、拓寬貧困治理思路，提高扶貧有效性 / 148

　　（一）建立多維貧困精準瞄準機制 / 148

　　（二）注重精神和思想上的扶貧 / 149

　　（三）打造民生工程應注重市場機制 / 149

　　（四）加強反貧困進程中的政府治理 / 150

　四、實施社會保護，完善最低社會保障制度 / 150

　　（一）不斷完善最低社會保障標準與物價水平的聯動機制 / 151

　　（二）建立申請救助家庭的經濟狀況信息共享機制 / 151

　　（三）拓寬低保資金籌資渠道 / 151

　　（四）擴寬扶貧政策的干預領域 / 152

（五）加強新疆各級社會救助管理機構建設／ 152
研究展望／ 153
參考文獻／ 155

第一部分　緒論

一、研究的背景及意義

（一）研究背景

一些國家的減貧實踐表明，單純的經濟增長並不能自動惠及窮人，窮人的生活水平有可能隨著經濟增長而下降。因此傳統發展經濟學中盛行一時的「涓滴假說」（經濟增長所帶來的收益會自動擴散到社會的各個階層和部門）備受質疑。隨著人們對發展的理解不斷深入，2000年9月189個國家在「千年峰會」上簽署了《聯合國千年宣言》，承諾實現消除極端貧困、普及小學教育等8項目標，即聯合國千年發展目標（MDGs）。在這個背景下，人們重新審視了經濟增長、貧困和不平等之間的關係，並達成共識：高速的經濟增長和對窮人有利的收入分配相結合能夠最大化促使絕對貧困的下降，達到所謂的「益貧式增長」（「pro-poor growth」，簡稱PPG），也就是尤其有利於窮人的增長方式。

在各國政府努力實現千年發展目標（MDGs）的背景下，益貧式增長備受關注。目前學術界對於經濟增長是否（或者在什麼程度上）益貧的問題

存在大量的爭議，這些爭議推動了對益貧式增長的研究和探討。但是這些爭議的不足之處在於它們只關注收入維度的貧困，忽視了至關重要的非收入福利，而這正是 MDGs 的核心內容。眾所周知，收入貧困的減少並不能保證非收入貧困的減少，如教育和健康。減少非收入貧困是發展目標的內在價值（Klasen, 2000），也是 MDGs 的內容之一。而最終在非收入維度的進步將有助於實現收入貧困的減少。

改革開放三十多年來，新疆不僅實現了長期持續的高速經濟增長，也實現了大規模的減貧。1979—2014 年，新疆年均經濟增長速度達到了 10.5%，高於全國平均水平 0.7 個百分點，經濟的快速增長極大地減少了新疆農村貧困；1979—2010 年，新疆持續減貧 841 萬人；2010 年以後，隨著援疆工作和民生工程的不斷推進，新疆農村貧困人數持續下降，2011—2014 年，新疆減少扶貧對象 133.3 萬人，減貧工作取得了巨大成就。多年來新疆貧困人口大幅下降的主要原因有：

（1）持續高速的經濟增長。1979—2014 年，新疆生產總值年均增長 10.5%，人均生產總值年均增長 8.6%，均高於全國同期平均水平。經濟的快速增長帶動了農村居民收入和消費水平的提高，農村居民生活水平得到了很大提高。

（2）人力資本明顯改善。根據全國人口普查資料，1982 年新疆 12 歲及以上文盲、半文盲人口比重為 20.9%；到 2010 年，15 歲及以上文盲、半文盲人口所占比重僅為 2.36%，嬰兒死亡率從 1982 年的 115‰ 下降到 2010 年的 8.33‰，人口平均預期壽命從 1982 年的 60 歲上升到 2010 年的 72 歲。人力資本方面的重要進展促進了新疆的經濟增長和城鄉各族人民生活質量的提高，經濟發展和社會進步的互補性對貧困人口的下降起到了積極的作用。

（3）政府採取的反貧困行動。自 1987 年自治區成立扶貧開發工作領導小組以來，新疆開展了大規模的旨在改變貧困地區社會經濟落後狀況的扶貧開發工作。「八七」扶貧攻堅計劃期間，自治區實施《自治區百萬人溫

飽工程計劃》，用七年的時間解決了貧困人口的基本溫飽問題。2001—2010年，新疆實施第一個扶貧開發綱要期間，自治區制定了整村推進的扶貧戰略，通過大力推進產業化扶貧、科技扶貧、社會扶貧、引進外資扶貧等多種扶貧渠道減貧，十年時間減貧 284 萬人。2011—2020 年，新疆實施第二個扶貧開發綱要期間，政府確定「南疆三地州、邊境地區、貧困山區」為全區三大扶貧開發重點區域，以培育主導產業和增強發展能力為主要任務，展開新一輪的扶貧開發工作，旨在「加大以貧困群體為重點的民生改善力度」，「堅持發展成果惠及各族群眾」。由於中央和地方政府對扶貧工作大力支持，新疆扶貧工作取得了顯著效果。2011—2014 年，按不變價計算，新疆農村居民人均純收入年均增長速度 13%，自 1986 年以來首次超過了經濟增長速度，經濟增長已經初步帶有益貧性特徵。

中國政府在 20 世紀 80 年代中期開始實施真正意義上的扶貧開發政策，以經濟增長作為主要減貧手段，這種減貧戰略對新疆的貧困人口下降產生了積極的作用。改革開放初期，新疆社會經濟狀況十分落後，農村幾乎處於全面貧困階段，農村經濟體制改革所帶來的經濟增長使得以前缺乏經濟發展機會的眾多貧困人口迅速脫貧。新疆貧困人口逐漸集中在喀什、和田和克州等偏僻落後的地區，這些地區自然環境惡劣，基礎設施建設薄弱，經濟發展緩慢，無法實現自發的經濟增長，這就要求政府通過特殊的扶貧政策推動貧困地區的經濟增長，使貧困人口有機會參與到經濟增長過程中。雖然這一階段扶貧的主要手段還是通過經濟增長促進貧困人口下降，但是這種經濟增長是通過政府的努力實現的，而非當地自發的經濟增長。這種通過政府特殊政策促進貧困地區的經濟增長的方式，不但節約了扶貧政策執行的成本，也起到了較好的減貧效果。

現階段，新疆貧困人口以少數民族為主，他們在收入、健康、教育等多個維度均表現出貧困。隨著收入分配的不斷惡化，貧困人口由於缺乏收入、知識、技能等資本，無法充分參與經濟增長過程並從中獲得收益。或者說，經濟增長無法自動惠及這些群體，單純依靠經濟增長實現減貧的開

發式扶貧戰略已經不可能再像以前那樣具有明顯的減貧效果。因此，新時期應從以經濟增長為主要手段的扶貧戰略轉向以經濟增長和向窮人傾斜的收入分配相結合為主的益貧式增長戰略。

(二) 選題的意義

1. 理論意義

本書從多維益貧式增長視角研究新疆不同發展階段經濟增長與多維貧困之間的關係，分別從收入維度和非收入維度考察改革開放以來新疆經濟增長的益貧性以及如何實現益貧式增長。因此本研究與發展經濟學、福利經濟學、區域經濟學、益貧式增長理論及實踐的關係十分密切。本研究的理論意義如下：

(1) 自20世紀80年代中國實施大規模的反貧困行動以來，新疆的扶貧工作在理論和實踐上使用的貧困概念主要是指收入貧困，貧困地區農民人均純收入的高低是衡量人口是否陷入貧困的唯一標準。但是僅考慮收入貧困的貧困概念是不完整的，它很容易掩蓋新疆經濟轉型時期貧困產生的各種問題。國內對新疆多維貧困的研究相對較少，因此本書對新疆多維貧困進行了深入研究，在兩種貧困維度演進的差異方面提供了重要見解，豐富了貧困的相關理論和實證研究。本研究對轉型經濟貧困理論也能起到補充完善的作用。

(2) 國內對益貧式增長的研究不多，且絕大多數研究集中在收入維度；對邊疆少數民族地區益貧式增長的研究更少見。本書從收入、健康、教育等多個維度考察新疆經濟增長益貧程度，是對中國益貧式增長理論和方法研究的重要補充和完善。

(3) 研究非收入益貧式增長有助於推動對非收入指標的理解，這對監測貧困、確定貧困政策干預十分重要，對找到有助於貧困群體擺脫貧困的有效制度，提高扶貧政策的針對性有理論指導意義。

2. 現實意義

經濟增長和減貧一直是發展中國家和地區制定發展戰略所考慮的重點。近年來，由於收入差距的擴大，怎樣使經濟增長過程更加公平，使經濟增長的成果也能夠被低收入群體分享，逐漸成為關注的焦點。目前學術界對經濟增長和貧困關係的研究大致可分為兩種觀點：一種觀點認為經濟增長能夠自動惠及所有群體，絕對貧困人口會因此下降，這就是發展經濟學中的「涓滴理論」；另一種觀點認為，經濟增長的減貧效果取決於收入分配的變化，收入分配的惡化將使經濟增長的減貧效果大打折扣。基於這兩種觀點，形成了兩類反貧困思路：一類認為通過刺激經濟增長使窮人從中獲得好處，從而實現貧困下降；另一類認為經濟增長不能自動減貧，富有群體可能會憑藉其要素優勢從經濟增長中獲得更多好處，窮人的貧困程度得不到緩解，政府應從經濟增長和收入分配兩方面入手縮小貧富差距。這兩類反貧困思路均從扶貧角度提出了經濟增長的減貧作用，前者單純將經濟增長作為減貧手段，後者把經濟增長和向窮人傾斜的收入分配相結合以實現對窮人有利的經濟增長，即益貧式增長，從而達到減貧目的。

現階段新疆扶貧任務仍然艱鉅。2011—2014 年，中央、自治區和地方各類財政資金向新疆連片特困地區累計投入 709 億元，但是貧困形勢依然嚴峻。2014 年，該區域收入貧困發生率高達 30% 以上（新疆維吾爾自治區扶貧辦，2015）；患有大病、殘疾、長期慢性病和體弱多病的人占總人口的比重從 2010 年的 4.4% 上升到 2014 年的 7.8%；戶均勞動力受教育程度為高中和大專以上學歷的人數分別從 2010 年的 0.21 人和 0.02 人下降到 2014 年的 0.16 人和 0.01 人（新疆調查年鑒，2011、2015）。該區域人口在收入、教育、健康等多個維度陷入貧困，成為導致社會不穩定的重要誘因。儘管新疆各級政府不斷努力提高教育和公共衛生服務水平，但是過去幾十年來總體收入維度的改善並沒有充分轉化為教育和健康的進步，尤其是偏遠貧困地區。城鄉之間、不同地區之間的生活水平的巨大差距使得公共資源的分配更加不平等，這種不平等反過來對未來經濟增長和收入分配的改

善也帶來不利的影響，在這種背景下貧困群體的福利勢必受到損害。

一般認為家庭收入的增長或減少與窮人的福利變化密切相關。由於不同地區的情況有很大差異，即使經濟增長相同，不同的地區和部門之間、不同的收入和非收入群體之間從經濟增長中獲得的收益也不相同，而處於社會最底層的窮人群體作為弱勢群體，很難平等地分享到經濟增長帶來的收益。如果收入和非收入分配機制不合理，經濟增長的減貧彈性將不斷下降，不同群體之間的收入差距將繼續擴大，由此產生的社會矛盾勢必影響到社會的穩定和經濟的可持續發展。益貧式增長理論的提出，尤其是貧困-增長-不平等的三角關係，為新疆貧困治理提供了新的路徑選擇。

本研究同時關注新疆收入和非收入維度的貧困和不平等，集中研究收入和非收入益貧式增長，以全面考察新疆多維貧困人口從經濟增長中獲得收益的情況，為新時期新疆精準扶貧戰略提供有價值的參考和評估依據。

二、國內外文獻綜述

(一) 對經濟增長與貧困之間的關係研究

研究經濟增長和收入貧困之間關係的文獻十分豐富。對於經濟增長的減貧效應研究可以追溯到 Field（1989）和 Squire（1993），他們估計了貧困減少的收入彈性。Bourguignon（2003），Kakwani 等（2004），Kalwij 和 Verschoor（2007）發現不同國家之間經濟增長的減貧彈性有很大差異，這些差異很大一部分可以由經濟增長和收入不平等之間的相互影響來解釋。大量的理論和實證說明，總的經濟增長可以減少貧困人口。絕對貧困發生率下降的程度將依賴於平均收入的增長速度、收入不平等的初始水平以及收入不平等的變化（Bourguignon，2003；Kalasen，2004；Klasen & Misselhorn，2006；World Bank，2000，2005）。特別是平均收入增長率較高、初始不平等較低、收入增長伴隨著不平等下降的國家的絕對貧困人口

減少也較快。

　　為了滿足各國制定減貧政策的需要，許多學者研究了不同部門經濟增長對減貧的效果。Mellor（1976）認為因為發展中國家中大量人口從事農業生產，農業產出的不斷增長會促進經濟的增長，從而減少貧困。Jose G. Montalvo 等（2010）認為第一部門（主要是農業）的增長是中國貧困人口減少的主要驅動力。Datt 和 Ravallion（1998）發現農業技術進步、農業基礎設施建設、人力資源狀況是成功減少貧困人口的主要決定因素，這個觀點得到了大量的理論研究和實證研究的支持（Loayza & Raddatz, 2006；Sumarto & Suryahadi, 2007；Christiansen & Demery, 2007）。

　　與上述觀點相對立的是 Quizon 和 Binswanger（1986, 1989）的研究成果，他們使用一個部分均衡多維市場模型（partial equilibrium multimarket model）研究印度，發現農村貧困人口並沒有從農業綠色革命中獲益，認為幫助窮人的主要途徑是提高非農業收入。Warr 和 Wang（1999）也發現，在臺灣工業部門的增長對減貧的影響最大。

　　也有研究支持農業部門和非農業部門的均衡發展能產生減貧效果。Ravallion 和 Datt（1996）根據印度 1951—1991 年時間序列數據發現印度農業和非正式服務部門的增長能極大地減少貧困率，其中後者的影響更大。Foster 和 Rosenzweig（2005）使用 1982—1999 年印度村莊和家庭的面板數據實證評估了農業生產率的改善和工業部門就業的增長都能增加農村的收入和工資，從而減少貧困人口。Warr（2006）用東南亞的某四個國家農業部門和服務部門的經濟增長解釋了貧困減少的最大化，其中服務部門的影響更大。Asep Suryahadi, Daniel Suryadarma, Sudarno Sumarto（2009）使用印度尼西亞的數據把經濟增長和貧困分解為部門要素和城鄉要素。研究結果表明城市服務部門的經濟增長對消除農村貧困的影響最大，其次是農村農業的經濟增長。該研究認為實現農業和服務業的均衡增長可以有效減少貧困。

　　幾十年來，中國反貧困取得很大成就，國內許多學者對其原因進行了

分析，如陳紹華、王燕（2001），林伯強（2003，2005），胡兵等（2005，2007），萬廣華、張茵（2006），胡鞍鋼等（2006），陳立中、張建華（2007），汪三貴（2008），陳娟（2010），李小雲等（2010），許啓發等（2011），韓秀蘭（2014），等等。幾乎所有的研究都認為中國減貧的成就主要是因為持續的高速經濟增長，但是不平等的上升對經濟增長的減貧效果帶來了不利的影響。

也有學者進一步探討了不同部門增長對減貧的影響，由於選擇的數據、模型等不同，結論有很大不同。李小雲、於樂榮、齊顧波（2010）利用2000—2008年省際面板數據分析全國和不同區域經濟增長與貧困減少的關係。結果表明，不同區域內各個產業增長對減貧的貢獻差異明顯。從全國平均水平看，農業部門的增長對減貧的作用最大。張鳳華、葉初升（2011）則利用「八七扶貧攻堅」期間和「農村扶貧開發」期間兩個時期的省際面板數據分析表明不同時期不同產業的增長對減貧的影響不同，隨著經濟的不斷發展，減貧效應最大的產業由最初的第一產業轉為第二產業。張萃（2011）利用2001—2008年28個省市的面板數據分析得出結論，第一、三產業增長對減貧的作用明顯大於第二產業。

（二）對益貧式增長的概念研究

儘管益貧式增長在多種場合下被關注和討論，但是至今還沒有一個統一的定義。學術界對於如何定義益貧式增長有很大爭論。具有代表性的是Ravallion（來自世界銀行）和Kawani（來自UNDP的國際貧困中心）提出的定義。Ravallion認為使窮人的平均收益增長大於零的經濟增長是益貧式增長。該定義以窮人的實際收入增長來度量益貧式增長，它僅關注經濟增長和貧困人口減少，而不管在增長過程中不平等的變化。Kakwani（2008）認為這個定義包含了絕大多數的經濟增長過程。他提出不同的定義：窮人平均收入增長比非窮人快，窮人從經濟增長中獲得的收益比非窮人更多，這樣的經濟增長才是益貧式增長。這個定義就是現在所說的「相對」益貧

式增長。相對的定義考慮了經濟增長過程中收入分配的變動。在這個定義下，（相對）不平等隨經濟增長而下降，經濟增長就是益貧的。如果窮人從經濟擴張中獲得較大的絕對收益，但是導致了不平等的上升，這種增長將不被認為是益貧的。Karry（2010）認為這個定義也有局限性，如中國改革開放後經濟增長快速上升，農村貧困程度大幅下降，但是不平等程度也不斷升高，窮人從經濟增長中獲得的收益比富人少，這種增長應該也屬於益貧式增長。

Ravallion 的定義被稱作是「絕對」益貧式增長。Klasen（2010）將絕對定義進一步區別為「強絕對」和「弱絕對」，前者要求增長期間窮人的絕對收入收益大於平均收益（或非窮人的收益），後者則要求窮人收入的增長率大於零。

從益貧式增長三個定義的內涵看，弱絕對定義認為只要絕對貧困程度下降，增長就是益貧的；相對定義要求貧困程度下降的同時相對收入不平等也下降；強絕對定義則關注絕對收入不平等的下降，這種情況在現實生活中很難發生。因此各國在減貧過程中主要關注「弱絕對」和「相對」益貧式增長。

在減貧實踐中，是採用益貧式增長的「弱絕對」概念好還是「相對」概念好呢？Lopez（2012）認為應視一個國家的具體情況而定。如果一個國家重視經濟增長，那麼就選擇前者，因為前者有更多的非窮人受益。如果一個國家重視公平的話，就選擇後者，後者有較低的不平等。DFID（英國國際發展部）的政策部門認為，對「相對」或「絕對」定義的偏好取決於一個國家或地區的具體目標。如果目標是降低絕對貧困人口數量，絕對定義更好。另一個世界銀行的經濟學家 Lopez（2011）認為經濟增長對減貧的影響程度取決於一個國家初始的發展水平和初始的不平等程度。一個國家越貧困，經濟增長在貧困變動中的作用越大，因此「益貧式增長」策略可能是比較好的減貧策略，該國的政策制定者在公平和經濟增長之間權衡時，可能願意以輕微的不平等上升程度為代價來實現更快的經濟增長。在比較

富裕的國家，經濟增長在貧困變動中的作用較小，該國的益貧式增長策略在關注經濟增長的同時也關注不平等。

也有許多學者和國際機構認為相對的和絕對的益貧式增長的概念相互補充，沒有必要將它們對立起來。即使是一個國家選擇「弱絕對」益貧式增長為其政策目標，爭取相對意義上的益貧式增長也有助於該目標的實現。

對益貧式增長內涵的理解不同，研究的實證結果和益貧式增長政策的選擇也不同（Klasen，2008；Duclos，2009）。發展中國家更重視絕對益貧式增長，因為這些國家的主要政策目標就是絕對貧困下降（Ruiz-Castillo，2009）。發達國家可能更關注相對貧困和收入不平等，因為相對不平等會對經濟增長造成負面影響，會產生相對剝奪、社會排斥、不平等的問題，從而引起政治或社會的不穩定（Duclos，2009）。

從益貧式增長三個定義的內涵來看，弱絕對定義認為只要絕對貧困下降，經濟增長就是益貧的；相對定義則要求貧困減少的同時相對不平等也下降；而強絕對益貧式增長的定義最為嚴格，在現實生活中很難實現。中國應根據不同的發展階段，從關注弱絕對益貧式增長逐漸過渡到重視相對益貧式增長，從強調絕對貧困人口數量的下降轉而重視相對不平等的下降。

（三）對益貧式增長測度方法的研究

國外提出了不少益貧式增長的測度方法。許多學者從不同角度進行了分類（周華，2008；蔡榮鑫，2009；Araar & Duclos，2009；Deutsch，2011；周華等，2011）。主要分類有：①是否屬於全面方法。全面方法要求有明確的貧困線和貧困測度標準，它可以得到增長是否益貧以及益貧程度的明確結果。Ravallion 和 Chen（2003）提出的益貧式增長率（Pro-poor Growth Rate，PPGR），Kakwani 和 Son（2007）提出的減貧等值增長率（Poverty Equivalent Growth Rate，PEGR）等均屬於此類。局部方法不需要明確貧困線和貧困測度標準，如 Ravallion 和 Chen（2003）提出的增長發生曲線（Growth Incidence Curve，GIC）和 Son（2004）提出的貧困增長曲線

(Poverty Growth Curve，PGC)。這類方法的缺點是無法比較一種增長比另一種增長更益貧的程度。②是否滿足「單調性」假設，即貧困減少量是益貧式增長指數的單調遞增函數。在所有方法中，Kakwani 和 Son（2007）提出的減貧等值增長率是唯一符合這一標準的。③是否排除匿名假設（Anonymity Axiom）。排除匿名假設方法要求識別經濟增長前後家庭或個人的身分，能夠真實反應慢性貧困和貧困人口的收入流動性，但是該方法要求用縱向數據分析。匿名假設方法雖然沒有上述優點，但是它對數據要求不高，因此匿名假設方法應用更廣泛，①和②中提到的方法均屬於此類。

判斷一個國家或地區的經濟增長是否益貧、在多大程度上益貧，採用的概念和方法不同，結論也不同，但這並不是說益貧式增長的評估會因不同的方法而變化，或者說某些測度方法不能恰當地反應增長的益貧性。相反，不同的方法是從不同的角度看待益貧式增長的，它們之間是相互補充的。

(四) 對益貧式增長測度的實證研究

這類文獻相對比較豐富，一般是根據不同的定義和測度方法分析發展中國家或地區的益貧式增長，分析對象覆蓋了亞洲、非洲、拉丁美洲等世界不同區域（Ravallion et al.，2003；Kraay，2006；Kakwani，2008；Duclos，et al.，2011；Araar，2012）。從實證分析的維度來看，目前主要從收入維度分析，分析過程中應用最為廣泛的是 GIC 曲線，它最早由 Chen 和 Ravallion（2001）提出並用於分析中國收入維度的益貧式增長。國際上對非收入維度益貧式增長的研究則少得多。Klasen（2005）、Melanie Grosse 等（2008）將收入維度益貧式增長的測度方法引入對非收入維度益貧式增長的研究中，用於測度玻利維亞的收入、健康、教育、營養維度以及由以上指標構成的綜合福利指數的益貧式增長，豐富了益貧式增長的研究內容。Cardozo 和 Grosse（2009）則在 Grosse 等人的研究基礎上對構成綜合福利指數的各指標權重確定方法做了進一步改進，再用於測度哥倫比亞的收入、

健康、教育、資產等維度的益貧式增長以及其綜合福利指數的益貧式增長。

目前國內對益貧式增長的研究主要借鑑了國外的研究成果。中國益貧式增長的研究還處於起步階段。周華（2008）、周曉華（2008）、張慶紅（2014）總結了益貧式增長的定義、方法及如何實現益貧式增長的相關文獻。

張全紅、張建華（2007），胡兵等（2007），胡浩志（2008），盧現祥、周曉華（2009），紀宏、阮敬（2007），阮敬（2007、2009、2010），朱農、駱許蓓（2008），李丹（2009），張克中、馮俊城（2010），韓秀蘭（2013），高夢滔、畢嵐嵐（2014），單德朋、鄭長德（2014），張慶紅（2015）從實證角度測度了中國及中國不同區域經濟增長的益貧性。研究過程中由於使用的益貧式增長的定義、方法、數據來源、貧困線等不同，得出的結論也不盡相同。阮敬（2010）基於弱絕對益貧式增長定義利用基於收入分布的益貧式增長判斷方法測度中國20世紀90年代初經濟增長不是益貧的，90年代後期及21世紀初是益貧的。盧現祥、周曉華（2009）和劉暢（2009）均採用相對益貧式增長定義和減貧等值增長率測度中國20世紀90年代以後經濟增長的益貧性，但是他們使用的貧困線和洛倫茨曲線估計方法不同，前者認為20世紀90年代以來中國的經濟增長都是益貧的，後者認為90年代初期和中期中國經濟增長是非益貧的，90年代後期以來是益貧的。張克中、馮俊城（2010）進一步考慮了消費價格指數對不同收入群體的影響，利用GIC曲線分析後，認為20世紀90年代以來中國經濟增長在弱絕對意義上是益貧的，在相對和強絕對意義上不是益貧的。高夢滔、畢嵐嵐（2014）基於中國滇黔桂的農戶面板數據，用不同方法測量了2003—2009年樣本農戶收入與消費的益貧增長。經驗研究發現：從收入角度，西南民族地區既是絕對意義的益貧增長，又是相對意義的益貧增長；從消費角度，絕對意義上的益貧增長存在，相對意義益貧增長不存在；對於最貧困的人，益貧增長的影響比較低，經濟增長對於西南地區減貧效應逐步遞減，頑固性貧困現象突出。韓秀蘭（2015）基於中國健康與營養調

查（CHNS）微觀數據，應用 Atkinson 社會福利函數研究中國居民家庭各收入成分變動對居民總體福利的益貧性影響。實證結果顯示：1988—2010 年，占中國居民家庭人均收入份額最高的工資薪金收入的福利改善指數表現出最大的益富性，退休金收入和家庭手工業或商業收入對總體福利的益富性貢獻也不容忽視；農業淨收益份額位居第二，其福利改善指數表現出最高的益貧性，包含轉移收入的其他收入也具有一定的益貧性。

蔡榮鑫（2008）研究了越南、印度等國家的益貧式增長模式；付海明（2015）主要針對當前的宏觀經濟政策，探究了中國益貧式增長主要的方向。徐俊武（2008），羅小芳、盧現祥（2008），盧現祥（2009），張克中、郭熙保（2009），劉暢（2009）等研究了實現益貧式增長的政策和制度安排。

以上都是從收入維度研究中國經濟增長的益貧性。隨著國內相關的文獻增多，也有少數學者嘗試從多維角度探討益貧式增長。周華等（2011）提出了排除匿名假設的多維益貧式增長的測量方法，利用中國統計年鑑的數據從收入、教育、醫療、社會保障和綜合福利維度研究 1981—2005 年中國多維益貧式增長，在計算中使用不同百分位點人口醫療保健支出、不同百分位點人口教育支出這兩個指標考察健康和教育水平。韓秀蘭、李寶卿（2011）利用 CHNS 數據，根據社會機會函數（SOF）構造機會指數和機會益貧指數來測度 2000—2009 年中國初、中等教育和醫療衛生服務（包括村診所、鄉醫院、縣醫院和市醫院服務）的益貧性及其動態變化，分析中沒有涉及其他維度的測量。周華、閆琴、周雅（2013）為了測度經濟發展的同時是否實現教育公平，運用多維度益貧式增長度量方法測度了上海市教育維度益貧式增長率。他們的研究豐富了益貧式增長研究的內容，但是由於選擇的指標、研究的維度具有片面性，研究結果難以充分反應中國多維益貧式增長的真實情況。

(五) 對益貧式增長的實現途徑研究

從現有的文獻來看，主要有兩種途徑可以實現益貧式增長（Whitfield L., 2008）。一種途徑是通過部門經濟增長直接提高窮人收入，另一種是窮人通過公共再分配政策（如稅收、政府公共投資、社會保護計劃等）間接從經濟增長中獲益。

1. 部門經濟增長

經濟增長是貧困下降的必要條件。為了滿足各國制定減貧政策的需要，學者們研究了不同部門經濟增長的減貧效果。許多學者認為，絕大多數窮人生活在農村地區，且大多數直接或間接依賴農業為生，窮人擁有的且使用最多的生產要素是勞動力，所以益貧式增長措施應瞄準農村地區，通過充分利用農村勞動力，大力發展農業生產提高農民收入。

農村的非農業活動在減貧中也發揮著重要作用。Stewart, Lall 和 Wangwe（1992）認為，農村非農業活動在農村經濟發展中扮演了一個非常重要的角色，它可以通過刺激農村產品和服務以及信息的發展進一步促進農業生產的發展，從而帶來更多的就業機會，提高農民收入。為了實現這一目標，應積極完善農村基礎設施（道路、通信、能源、技術傳播），此外還必須提高農村基礎教育水平，提高農業技術水平，建立和完善面向小規模借貸者的信用體制。Klasen（2007）認為「實際上所有成功發展的案例均表明快速的經濟增長和貧困下降都是由於重視提高農業勞動生產率以及農業、農村非農產業的收入」。朱玲、魏眾等（2013）也認為，單純依靠發展農業無法有效提升農民的收入水平，應當通過利用財稅、金融等調控槓桿，以及提供切實有效的就業指導和培訓，鼓勵農民發展非農產業和從事非農工作，提高非農收入在當地居民收入中的比重。

與上述觀點相對立的是 Binswanger 和 Quizon（1984）的研究成果，他們使用一個部分均衡多維市場模型（partial equilibrium multimarket model）研究印度，發現農村貧困人口並沒有從農業綠色革命中獲益。Warr（2000）

也發現，在臺灣，工業部門的經濟增長對減貧的影響最大。

也有大量研究支持農業部門和非農業部門的均衡發展。Warr（2000）發現東南亞四個國家農業部門和服務部門的經濟增長在很大程度上影響了貧困下降，其中服務部門的影響更大。Ravallion 和 Chen（2007）分析認為中國增長過程中部門之間的不均衡發展所帶來的不平等使得整體經濟增長對貧困的影響大打折扣，如果中國各部門經濟增長保持均衡的話，只花一半時間就能實現 1981—2001 年取得的減貧成果。Wenefrida Widyanti 等人（2009）使用印度尼西亞的數據把影響經濟增長和貧困的因素分解為部門要素和城鄉要素。研究結果表明：城市服務部門的經濟增長對減少農村貧困人口的影響最大；農村農業的經濟增長作用也很明顯，實現農業和服務業的均衡增長可以有效減少貧困人口。UNDP（2012）總結了來自成功實現減貧國家的案例。研究結果表明，工業化是促進收入和福利增長的有效途徑，但是工業化並非唯一的脫貧途徑，如果發展中國家政府承諾通過提高農村地區生產能力和服務來支持農業發展，農業也可以為經濟發展奠定堅實的基礎並幫助低收入家庭擺脫貧困（黃承偉等，2012）。

學術界對各產業部門經濟增長的益貧性持不同看法。各國經濟發展差異巨大是客觀事實，而實證研究中對研究方法和數據資料的認識不同產生的偏差也是引起學術爭論的一部分原因。該領域今後努力的方向是如何建立起完整的理論模型和獲得更加精確的數據。從既有的文獻來看，學術界對經濟增長的減貧效應也有一定的共識，即對於不同的國家和不同的經濟發展階段，貧困對經濟增長的敏感性並不相同，有必要採取相應政策以提高窮人參與經濟增長過程的能力。這要求政府有意識地發展窮人賴以生存的經濟部門，制定有利於窮人的經濟增長政策。

2. 政府公共再分配

關於市場機制的相關理論和實踐表明社會公共產品和服務（如基礎教育、公共衛生等）的供給屬於市場失靈的領域，也就是說僅依靠市場機制不可能有效配置這些資源。對此，經典的解釋是，私人生產者很難通過市

場交易獲得應有的回報，因此缺乏足夠的刺激滿足社會對這些公共產品和服務的需要。政府必須承擔起提供某些服務的責任，促使這些產品和服務的供給滿足社會的需要。此外，由於個人稟賦和擁有的社會資本差異較大，市場機制的運行會使不同個體產生巨大的經濟差異，即使一個社會提供了充足的公共產品和服務，那些陷入貧困的人口也難以充分享受到這些產品和服務。在這種情況下，政府可以通過稅收、政府公共支出和轉移支付等多種公共再分配手段改善收入分配，縮小不平等的程度。

各國減貧實踐中以扶貧為目的的公共再分配政策不勝枚舉，要對所有的公共再分配政策逐一回顧是不可能的。本研究只對具有益貧目標的政府公共投資和社會保護計劃等非常重要的、對中國未來改革具有重要意義的再分配政策進行討論。為了使討論更具有針對性，本研究不打算對這些政策措施進行全景式的回顧，而是關注某些具體的方面。如在政府公共投資方面集中關注基礎設施投資和人力資本投資的影響，在社會保護計劃方面主要關注有條件的現金轉移支付（CCT）。

（1）政府公共投資。

①公共基礎設施投資。

政府公共基礎設施投資是具有投資取向的收入再分配。公共基礎設施建設對減貧的重要性在大量文獻中被一再強調（Binswanger et al., 1993；Jalan and Ravallion, 2002）。在發展中國家，對貧困地區基礎設施方面的公共投資對減貧的影響主要包括（中國發展報告2007）：（a）增加貧困人口進入市場的機會，降低交易成本；（b）促進農業勞動生產率的提高和非農產業的發展；（c）為貧困人口提供就業機會，增加他們的收入；（d）有利於擴大貧困人口獲得教育和衛生保健的機會，增加他們的人力資本；（e）有利於改善窮人的非收入方面的福利，如改變生活方式、增加社會流動性等。

一些研究估計了基礎設施投資對減貧的影響。Fan等人（Fan et al., 2002）利用1970—2000年中國省際數據建立聯立方程模型。實證結果表明

政府在促進農業生產方面的投資，如對農業研發、灌溉、農村教育、電力、通信、道路等基礎設施的投資，有助於促進農業經濟增長，而且能夠減少貧困人口和地區的不平等。在中國農村地區，所有的公共投資中農村教育是最重要的，針對農業研發的公共投資能減少西部地區的地區不平等現象，但是在發達地區追加投資則會導致地區不平等的上升。Fan 和 Chan-Kang (2005) 發現東北和西北的道路建設對城市減貧作用明顯，西南和西北道路建設對農村減貧作用明顯。以上研究為未來基礎設施的投資和建設的方向提供了有價值的參考。

也有研究表明，並不是所有的公共基礎設施投資和建設都對窮人有利。Songco (2007) 認為大型的工程建設會擠占農民的土地，甚至迫使他們遷移，導致他們的福利受損。Khan 和 Riskin (2001) 認為即使是在同一區域，不同人對基礎設施的利用能力和利用程度也不同。基礎設施的改善所帶來的農業和非農產業的發展會進一步增加經濟的不平等，從而抵消經濟增長對減貧的積極影響。世界銀行對撒哈拉以南非洲 127 個村莊的道路項目進行過評估，發現這些項目沒有對窮人的福利產生應有的影響，其主要原因是這些項目瞄準機制存在問題，社區參與程度不夠，道路沒有進行有效維護等 (2002)。

政府公共投資的利貧性與投資項目評估方式和政府監管程度也有密切關係。Songco (2007)，Robinson (2001) 認為對貧困地區基礎設施投資項目的評估中應包括對貧困人口教育、健康以及其他社會影響的評估，使減貧項目瞄準得更準確。此外應充分考慮基礎設施投資未來的再分配效果。

②人力資本投資。

人力資本對提高個人（或家庭）收入和促進國家經濟增長有明顯的作用（中國發展報告 2007），它對促進減貧和減少不平等現象的工具價值已經受到學術界和政界的廣泛認可。

世界銀行的增長與發展委員會 (2008) 分析了自 1950 年以來至少 25 年內連續實現了 7%或更高的經濟增長的 13 個國家的發展狀況。他們認為

經濟穩定增長的13個經濟體中每一個經濟體都為提高教育和改善人力資本而進行了大量的投資。有證據表明，那些沒有經歷高速增長的國家在人力發展方面沒有投入那麼多的資金。委員會還提出，公共部門應積極參與教育事業，因為教育存在很高的潛在經濟回報，而更高的教育回報與兒童的早期投資直接相關。一項長達40年的對非裔美國兒童的跟蹤研究結果顯示，對學齡前兒童在營養、健康、教育等方面的投資，年度回報率達到6%~10%，不但高於其在校教育和畢業後在職培訓的年度回報率，而且還高於同期證券市場的年度回報率（Heckman et al., 2010）。

已有的研究表明，在農業領域和非農業領域的人力資本投資（無論是在農業領域還是在非農業領域）對提高農戶收入水平有顯著影響。在農業領域，人力資本投資可以提高農戶自身的技能和改善他們的管理能力，這有利於促進農業勞動生產率，從而提高農業收入。農民在非農業領域就業時，無論是自我雇傭還是受雇於企業或個人，對人力資本投資的回報作用都十分明顯。中國國內許多學者（魏眾，2004；羅凱，2006；孫春，2009；董曉梅，2010）對中國農戶健康和教育投資的減貧作用的實證研究也驗證了上述結論。

此外，人力資本對不平等現象也具有重要影響。從實證角度看，使用20世紀80年代的數據展開的各項研究表明，在其他因素保持不變的情況下，較高的識字率和教育率與較低程度的不平等密切相關（莊巨忠，2012）。亞洲開發銀行（2008）一份關於勞動力調查的數據分析顯示，受過大學教育與教育程度較低的人群的收入差異隨著時間的推移而逐漸加大，這就是教育回報方面不斷增強的「中凸」現象。在其他條件都相同的情況下，「中凸」現象的不斷增多將意味著不平等現象呈上升趨勢（莊巨忠，2012）。

貧困人口在獲得教育、衛生保健和衛生狀況方面更趨於弱勢，這種情況反過來又會使他們更加貧困。因此政府和公眾在投資低收入和貧困人口的營養、健康、教育和培訓等領域的同時，還需要採取消除社會排斥的公

共行動。

（2）社會保護計劃。

益貧式增長要求具備能夠直接滿足社會最弱勢群體需要的社會保護計劃。社會保護通常以政府計劃的形式出現，如對勞動力市場的干預、社會保險和社會安全網，它是一種能夠確保邊緣化和弱勢群體從增長中受益，並參與到增長中去的機制。這裡所說的社會保護或社會安全網與上面所說的公共投資有很大不同，社會保護或安全網主要通過改變收入分配促進減貧。

亞洲開發銀行（2008）認為社會保護計劃包括五個主要類型：①勞動力市場計劃；②社會保險計劃；③社會援助；④基於地區的微計劃；⑤兒童保護計劃。勞動力市場計劃用於減少由於技能不合適或運行不暢的勞動市場造成的失業、非充分就業或低工資風險。社會保險計劃旨在緩解與失業、殘疾、工傷和年老有關的風險，社會援助計劃是對沒有其他渠道支持的最脆弱群體的現金或實物援助。社會融資是以地區為基礎的微計劃的典型代表，它可以提供公共工程的臨時就業。兒童保護計劃旨在滿足兒童教育、健康等方面的基本需求。

中國的社會保護計劃僅限於公共和正規部門，而將大部分人口排除在外。大部分針對貧困人口的社會保護支出都以培訓、醫療保健和其他無法直接增加收入的非現金計劃形式實現，能夠享受到福利的群體主要是城市人口。在這方面中國可以借鑑有條件現金轉移支付（CCT）項目的做法。

在過去十多年裡，有條件現金轉移支付（CCT）社會安全網項目在發展中國家倍受歡迎。CCT 項目因其良好的效果而獲得越來越多的關注，運作該項目的國家數量在不斷上升。各國各地區使用 CCT 項目的方式有很大不同，而不同的 CCT 項目的規模、級別也不同（分地方、區域、國家項目），但其共同點都是向貧困家庭提供現金支持，受益者按照規定投資兒童的健康和教育。

拉丁美洲的 CCT 項目啓動最早、運作也最好，那裡的決策者和項目管

理者們越來越多地把 CCT 項目看作是更為廣泛的社會保護體系。在巴西和墨西哥，CCT 項目已經成為最大的社會援助項目，項目資金達到了上百億美元。巴西的家庭獎學金項目已經惠及 110 萬戶家庭約 460 萬人，而墨西哥的機會項目從 1997 年啓動時的約 30 萬個受益家庭發展到目前的 500 萬個家庭（吳忠等，2010）。一些項目要求受益家庭只能將資金用於學校教育，一些項目要求受益家庭同時兼顧健康和教育。在亞洲，孟加拉國和柬埔寨的 CCT 項目被用於消除教育中的性別不平等，巴基斯坦的 CCT 項目將該國 10~14 歲女童的入學率提高了 11 個百分點。而撒哈拉沙漠以南非洲地區的 CCT 項目用於緩解因 HIV/AIDS 肆虐而給成千上萬的兒童帶來的痛苦。在墨西哥、哥倫比亞、尼加拉瓜等國，CCT 項目將預防醫療服務使用率提高了 8 個百分點~33 個百分點（吳忠等，2010）。在拉丁美洲一些社會不平等十分嚴重的國家，CCT 項目被看作是提高兒童健康、營養、教育，消除貧困和不平等以實現發展目標的有效方法。世界銀行（2009）認為 CCT 項目通常能夠很好地瞄準貧困家庭，在轉移方式不干擾受益者採取其他脫貧措施時，效果十分明顯。CCT 項目提供了穩定的收入來源，使得貧困家庭免受失業、疾病或其他衝擊帶來的嚴重後果。實踐證明，如果現金轉移支付給女性時，幾乎所有的 CCT 項目都可能提高婦女的話語權。

由於 CCT 項目主要集中在那些如果不進行干預就無法享受到健康和教育服務的家庭，因此該項目在消除健康和教育不平等方面十分有效。

當然，CCT 項目只是向貧困家庭進行收入再分配的社會保護項目的一種，它並不適合所有的貧困家庭，如貧困的老人家庭、無子女家庭或子女年齡不在 CCT 項目轉移支付範圍內的家庭都無法從中受益，但可以通過其他方式實現對這些群體的收入再分配。如針對老年貧困人口的人力資本的進一步投資沒有多大意義，社會養老金才是更好的方式和手段。此外 CCT 項目也不是進行社會風險管理的最佳選擇，CCT 項目可以減緩貧困人口在不同危機中受到的打擊，但是由於它針對的是長期人力資本的投資和目標群體瞄準的方式，因此它不是解決暫時性貧困的最好手段。因此 CCT 項目

和其他現金轉移支付項目可以相互補充，瞄準不同的家庭，來解決不同家庭不同性質的貧困。

(六) 簡評與結語

對益貧式增長內涵的理解不同，研究所提供的實證結果和益貧式增長實現的路徑選擇也不同。一般來說，發展中國家更重視弱絕對益貧式增長，因為這些國家主要的政策目標就是絕對貧困下降。發達國家可能對收入不平等更加關注，因為相對不平等對經濟增長造成負面影響，就會產生相對剝奪、社會排斥、機會不平等等問題，從而引起政治或社會的不穩定（Duclos J., 2004）。

就減貧而言，經濟增長是基礎，它決定著不同社會群體之間收入水平以及再分配的可持續性。再分配雖然有助於改善貧困群體的生活狀況，但是不能從根本上扭轉貧富差距擴大的趨勢和增強社會的公平性。在極端貧困的國家，不實現經濟增長就消除貧困是不可能的，因為沒有可以用於再分配的資料；在平均收入水平較高的國家，經濟增長的效益會被用於再分配，任何人的生活水平都不會因此而下降。在各國的益貧式增長戰略實施過程中，也都傾向於把經濟增長政策和公共再分配政策的多種功能和目標相組合使用，很少有政策只考慮單一的功能或目標。

益貧式增長的實現並不是只有一個固定的模式，一個國家或地區的初始發展條件、有效的政策干預以及外部環境的變化影響著經濟增長的減貧模式。從各國的減貧實踐來看，大多數實現收入和福利改善的國家均採取了與其國情相適應的政策和途徑。益貧式增長強調收入分配向窮人傾斜。社會經濟發展相對落後的國家或地區實施益貧式增長戰略時需考慮過早強調公平是否會影響效率（即增長），進而對脫貧產生相反作用的可能性；應根據減貧的時段性，從發展前期關注弱絕對益貧式增長過渡到中後期重視相對益貧式增長，以保證減貧的可持續性。

第二部分　益貧式增長的識別、測度及相關理論基礎

一、從收入貧困到多維貧困

(一) 貧困概念的延伸

18世紀以來，許多學者開始涉及貧困問題，比如盧梭、馬爾薩斯等，但是在相當長的時間裡貧困並沒有明確的定義。英國的布思和朗特里（1899）首先明確提出了絕對貧困的概念並創立了絕對貧困線，他們認為一個家庭處於貧困狀態是因為它所擁有的收入不足以維持其最低生理上的需要。許多學者認為「最低生理需要」的含義過於狹隘。由於對絕對貧困概念中的「最低生活標準」有爭議，20世紀60年代，英國學者皮特·湯森提出了「相對貧困」，並創立了相對貧困線，認為如果一個人的收入低於社會平均收入的某個比例，那麼該個體就處於相對貧困中。從這個角度來看，貧困與社會經濟發展水平無關，只要存在收入差距，存在低收入階層，貧困就沒有辦法消除。

傳統貧困的理論和測量方法通常是基於家庭淨貨幣收入或家庭消費

就貧困而言，如果他們的收入低於貧困線，就將其定義為貧困。一個國家貧困線確定的方法通常有：食物、消費籃子、平均數的百分比、總收入分配的中位數。

20 世紀 60 年代，歐洲出現了發展社會指標的運動。學者們開始對這種一維測度方法提出疑問。他們認為關於收入貧困的傳統的理論和方法是將收入或消費作為福利的代名詞，把收入或消費貧困當作福利的缺失，這種一維測度方法是有缺陷的，應把社會福利的範圍擴展到經濟之外。這些爭論推動了多維貧困思想和方法的產生和發展。Morris（1979）提出的物質生活質量指數就體現了多維貧困的思想。

真正引起人們對多維貧困高度關注的是 Amartya Sen。Amartya Sen（1992，1996，1999）把可行能力（capabilities and functionings）引入貧困分析中，關注貧困的非收入因素，並將社會排斥納入貧困研究的範圍，提出了能力貧困概念。他認為貧困的原因就是能力的匱乏，作為一個社會人，應該獲得足夠的營養、基本的醫療條件和住房條件、一定的受教育機會等。如果一個家庭或個人缺少這些功能或者其中的一項功能，那就意味著處於一種貧困狀態。Sen 以能力方法定義多維貧困，根據這個方法，貧困被理解為能力或自由的剝奪。能力方法關注個人參與社會的能力，跨越了生活的不同方面，這是傳統的收入貧困測度方法無法反應的內容（Clark，2005）。

受 Amartya Sen「能力貧困」理論和方法的啓發，1990 年聯合國開發署（UNDP）首次提出人類發展指數（HDI）的概念，用預期壽命、成人識字率和人均 GDP 的對數反應人類發展的健康、教育和生活水平三個維度，各指標是等權的，它是國際上最著名的反應人類多維貧困的指數。有人批評這個指標沒有關注政治和文明，不平等、權利等，對人類福利的概念界定過窄。但是它可用於跨國比較，因此在政策討論中扮演著重要角色（Kanbur，2002）。1997 年 UNDP 開始測算人類貧困指數（HPI）。該指數包括預期壽命在 40 歲以下人口比重、成人文盲比重、擁有醫療服務的人口比

重、擁有安全飲用水的人口比重、5 歲以下營養不良的人口比重等五項指標。2001 年《人類發展報告》中明確了人類貧困的概念，指出人類貧困是多方面的貧困，如健康生活、體面的生活、知識、參與權等方面的缺失。2010 年《人類發展報告》引入了多維貧困指數（MPI）以測量健康、教育和生活標準方面的缺乏程度，並分析了大多數國家 1970 年以來的 HDI，認為國家的經濟表現與這些 HDI 的非收入維度（健康和教育）成就並沒有一致的關聯。2011 年《人類發展報告》對 109 個國家進行多維貧困分析，探索「在多維貧困人口（重點放在缺乏炊用燃料、飲用水和衛生設施的貧困人口）中環境剝奪的普遍性，以及在家庭層面上的交疊範圍」。該報告認為全球每 10 人中至少有 6 人遭受一種環境剝奪，有 4 人遭受兩種以上的環境剝奪。而人類發展指數低的國家有超過 40% 的多維貧困人口面臨著全部三種環境的剝奪。

Sen 提出能力貧困理論後，不少學者開始對多維貧困的測度方法進行研究和探討，其中最著名的是 Alkire 和 Foster（2008）提出的多維貧困的識別、加總和分解方法。《人類發展報告》（2010，2011）正是基於該方法測算了一百多個國家的多維貧困指數。

雖然對多維度貧困的存在達成了一致，但是對於究竟應該包括哪些維度，如何確定某個人是否貧困等問題，學術界還存在很多爭論。在研究中考慮的維度通常包括健康、營養、教育、居住特徵等，有很多維度沒有被考慮但是對個人脫貧影響很大，如自由、人權和暴力等。

對中國多維貧困測度的研究起步較晚，但近幾年研究成果較多。目前對中國多維貧困現象的描述主要是聯合國開發計劃署每年公布的人類發展指數（HDI），以及國內外學者從收入、健康、教育、生活質量等方面基於各種方法所構造的多維貧困指數（尚衛平、姚智謀，2005；王小林等，2009；鄒薇、方迎風，2011；王春超、葉琴，2014）。這些研究由於選擇的指標維度、時間跨度和數據量有限，難以全面反應中國多維貧困動態變動的實際情況。

隨著經濟的不斷發展，人們對貧困的認識逐漸深入，由收入貧困到多維貧困，貧困的概念和理論在不斷擴展，在此過程中各國政府也對減貧戰略不斷進行調整。減貧實踐中出現的新課題促使人們反思經濟增長在減貧中的作用，並開始思考什麼樣的經濟增長模式最有利於減貧。

(二) 收入貧困與非收入貧困之間的關係

收入貧困指標與非收入貧困指標之間存在密切聯繫，但是對兩者之間的關係應慎重考慮。有的學者認為，總體上不同維度的貧困與收入（或消費）相關性不大，很難判斷收入和死亡率、入學率、營養不良等指標之間的關係（Klasen, 2000; Gunther and Klasen, 2009）。持續的經濟增長、生產性就業和資本方面的增長是減少收入貧困的內在動力，但是收入本身並不能對過去100年中世界眾多國家在衛生方面取得的巨大進步做出解釋，也不能將其視為推動未來衛生方面進步的唯一手段。收入貧困的大幅下降不一定會帶來非收入貧困的大規模降低（阿賈伊·坦登等，2012；普雷斯頓，2006）。在大多數情況下，經濟實力強的國家往往有更好的衛生狀況，但是也有例外，如20世紀60年代到20世紀70年代改革開放前的中國經濟增長緩慢，但是社會發展進步很大，預期壽命快速增長；改革開放後中國經濟迅速增長，但是預期壽命增長的速度卻大幅下降。這說明一個國家即使是在經濟沒有強勁增長的情況下，也有可能將公共的和私人的干預措施集中在消除非收入貧困方面。這些干預措施可能是以投資、公共政策、激勵措施或改善環境等形式展開的。

二、益貧式增長思想發展歷程及理論基礎

(一) 益貧式增長的思想發展歷程

益貧式增長思想的萌芽最早出現於20世紀70年代。Chenery 和 Ahluwalia（1974）的「增長中的再分配」模型可以被認為是關於整個益貧式增長討論的開端以及涓滴假說批判的頂點。Chenery 等人的研究報告《增長中的再分配》（1974）總結了 20 世紀 60 年代的世界經濟增長歷程，認為在一些國家的經濟增長中窮人從中獲得的好處很少或者是沒有獲得好處，而另一些國家則相反。20 世紀 70 年代的工業化發展屬於典型的資本密集型，這一階段減貧效果並不理想，而且收入不平等在上升。研究中提出的「增長中的再分配」思想與近年來的益貧式增長的思想類似。他們認為在發展的早期階段，由於第一產業和工業中相對較小的現代部門產出增加較快，收入分配會變得更加集中，隨著經濟繼續增長，增長所帶來的收益在更大的範圍擴散。但是由於窮人不能獲得土地、資本、教育和其他公共資源，大量勞動力沒有任何技能，無法就業，窮人的收入增長受到限制。Chenery 等人提到在增長過程中這種收入分配集中的加劇趨勢並不是必然的，一些國家的經驗表明，通過提高教育和對勞動力快速增長的需求可以實現現代部門就業的增加，土地的再分配和公共支出的增加直接抵消了窮人最初的不利狀況，而政府所採取的能夠達到目標群體的積極的政策工具也是十分必要的。

在 20 世紀 90 年代早期，減貧成了國際中心議題。世界銀行 1990 年的世界發展報告認為華盛頓共識（世界銀行、國際貨幣基金組織和美國政府根據 20 世紀 80 年代拉美國家減少政府干預、促進貿易和金融自由化的經驗，提出並形成的一系列政策主張）無法解決貧困問題。而華盛頓共識中所提出的宏觀經濟政策導致了經濟的過度收縮，經濟沒有實現快速增長，窮人的利益也受到了損害。報告提出了減貧的三大策略：勞動密集型的經濟增長、改進的社會服務和安全網，並強調增加窮人的財產、就業和收入，讓窮人參與到經濟增長過程中，要重視勞動密集型增長和小農戶農業。報告認為如果經濟增長能夠充分利用窮人最豐富的資源——勞動力，那麼經濟增長對減貧的效果會更好。世界銀行 2000 年的世界發展報告中再一次強調了減貧，類似 1990 年的報告，世界銀行對全球貧困開出了三個處方：機

會、安全和賦權。機會主題與1990年報告中的改進社會服務（對窮人的人力資本投資）有很多共同點。安全主題與1990年報告中的社會安全網有很多共同之處。雖然在這次報告中沒有提到「益貧式增長」這一名詞，但是它強調了增加窮人在經濟增長過程中的機會，而這些窮人通常是被排斥在市場之外的。世界銀行保留了華盛頓共識中的不少老議題，但是補充了貧困監測和分析、扶貧目標、效率和資源流動的公平性、效率和公共支出的公平性。Maxwell（2001）稱其為「新新貧困議程」，它與華盛頓共識相比更加務實，包括了增長、健康和教育的社會服務、安全網、良好的管理等內容。

1997年英國國際發展白皮書中首次出現「益貧式增長」這一術語，隨後它相繼出現在1999年亞洲開發銀行報告、2000年世界銀行的世界發展報告中。20世紀90年代末至21世紀初是益貧式增長概念盛行的初期，主流經濟學家認為要實現快速減貧，快速的經濟增長和較低的不平等這兩個條件必須同時具備。而21世紀初期新的跨國分析表明快速的增長對減貧起到的作用最大。但並不是所有的增長對減貧都起到相同的作用，因為增長的模式也是十分重要的。目前該領域的研究比較關注什麼樣的增長模式對窮人更有利，什麼樣的政策能夠實現更高的經濟增長和快速的減貧。

在21世紀初，隨著一系列關於經濟增長、收入分配和貧困的跨國宏觀經濟的新的研究成果出現，正統的發展經濟學家，尤其是世界銀行的經濟學家們對以下觀點達成共識：（1）持續的經濟增長總體上能夠降低貧困率，總的經濟增長速度是決定貧困率下降程度的主要因素；（2）較高的收入不平等將會降低經濟增長對減貧的影響，而較低的初始不平等會帶來隨後較高的增長；（3）一些國家經濟增長的減貧效果比其他國家更好，反應出經濟增長速度和增長模式對窮人十分重要。

在關於益貧式增長的討論中，人們普遍強調益貧式增長是「擴大窮人的機會和提高窮人的能力，以便窮人能夠更多地參與到經濟活動中，並從中獲得更多的好處」。而實現益貧式增長則需要採取刺激經濟增長的政策以

及確保窮人能夠在經濟增長中得到機會的政策,這一點在許多分析中不斷被強調。總體來說,益貧式增長理論認為,即使是總體經濟增長和減貧情況良好的國家,也會有相當比例的窮人在經濟增長過程中被邊緣化而無法逃脫貧困。經濟增長對減貧是必要的,但合適的經濟增長模式同樣重要,我們需要發現哪一種經濟增長模式對窮人更有利,對減貧更有利,從而制定相應的政策以實現這種增長模式。

(二) 益貧式增長的理論基礎——增長、不平等和貧困的關係

益貧式增長問題是在研究經濟增長、收入分配和貧困三者關係中顯現出來的。它以經濟增長-收入分配-貧困三角關係理論為研究基礎,以減貧政策研究為落腳點,主要探討經濟增長和收入分配的減貧機制,以及如何使貧困人口參與到經濟增長中並獲得好處的政策機制(Ravallion M., 2006)。

長期以來,經濟增長、收入分配和貧困之間的關係一直是學術界和政策研究的焦點。一般來說,經濟增長指的是人均國民收入的持續增長。人均收入的增長意味著物質財富的增加,這將為一個國家或地區獲得更多的福利提供機會,貧困程度就有可能下降。但是經濟增長和貧困之間的關係不是必然的。在拉丁美洲,有些人均收入高達4,000美元的國家仍然存在大量的貧困人口,這些貧民缺乏進入資本市場和使用公共服務設施的門路,無法實現正式就業。這說明經濟增長只是減貧的必要而非充分條件,經濟增長的減貧效果還取決於收入在不同群體之間的分配情況。

在前人研究的基礎上,2003年Bourguignon提出了經濟增長-收入分配-貧困的三角關係(見圖2-1),梳理了經濟增長和收入分配影響貧困的可能機制。他指出經濟增長有助於減貧,而收入分配的不平等對減貧有顯著的負面影響。這一結論已成為學術界與政策界的共識。越來越多的研究傾向於認為收入分配的惡化會損害經濟增長,但是還沒有證據表明經濟增長與收入分配之間存在系統性關聯。總的來說經濟增長、收入分配和貧困三

者之間的關係非常複雜，沒有令人信服的證據表明這三者之間在作用方向和影響力大小上存在某種確定性的關係。

經濟增長-收入分配-貧困三者之間的關係研究為益貧式增長思想的產生奠定了基礎。益貧式增長理論認為高速的經濟增長應配合更公平的收入分配才能實現貧困快速下降。如果經濟增長與收入分配不存在系統性關係，那麼經濟保持高速增長的同時也有可能保持較低的不平等，益貧式增長就有可能實現，這樣窮人就有可能從經濟增長中受益（Ravallion M., 2004）。

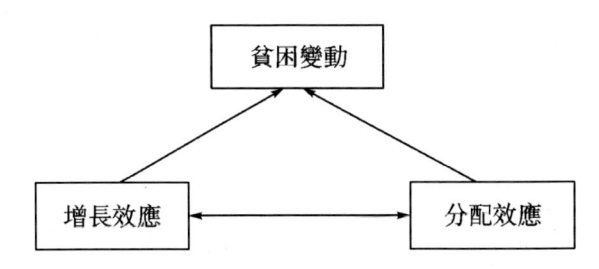

圖 2-1　經濟增長、收入分配、貧困的三角關係（Bourguignon）

三、對益貧式增長內涵的不同理解

(一) 幾種應用廣泛的益貧式增長定義

近年來，益貧式增長越來越受到關注，主要是因為從各國的減貧實踐來看，許多國家經濟增長的好處不能被全體社會成員共同分享。實際上經濟增長甚至可能伴隨著窮人所享受的福利下降——這可以被稱作「貧困化增長」（immersizing growth）。益貧式增長更加強調窮人福利的變動，從而受到學者和政策制定者的關注。

基於對益貧式增長的不同理解，目前學術界提出了多個益貧式增長的定義和測量方法。較有影響力的如下：

（1）益貧式增長是能夠使窮人受益的增長（OECD, 2001; UN, 2000）。根據這個概念，只要增長使總人口中窮人所占比例下降（保持貧困

線不變），這種增長就是益貧的。在這個定義下，無論我們使用何種標準衡量貧困，使窮人受益的增長就可以被稱為益貧式增長。這是對益貧式增長最廣泛的定義（Cord et al., 2004）。

（2）益貧式增長是能夠使窮人收入增加的增長。它意味著對比前後兩個不同時期，窮人的實際收入是增加的。Ravalion 和 Chen（2003）認為這是絕對意義上的益貧式增長。該定義以窮人的實際收入增長來度量 PPG，僅關注經濟增長和貧困人口的減少，而不管在增長過程中不平等的變化。Kawani（2004）認為這個定義包含了絕大多數的經濟增長過程。

（3）窮人收入增長超過平均收入增長率或富人收入增長就可以被稱為益貧式增長（亞洲開發銀行，1999；Ravallion & Chen，2000；Kakwani & Pernia，2000；Pernia，2003；Klasen，2003；GTZ，2003）。這個定義考慮了經濟增長過程中收入分配的變動。在這個定義下，（相對）不平等隨經濟增長而下降，經濟增長就是益貧的。如果窮人從經濟擴張中獲得較大的絕對收益，但是導致了不平等的上升，這種增長將不被認為是益貧的（Lopez，2004）。

（4）窮人實際收入的增長率大於收入分配不變條件下窮人收入增長率就是益貧式增長。按照這個邏輯，可以把減貧效應分解為增長效應和分配效應。Kakwani 和 Pernia（2003）研究貧困的增長彈性時沿用了類似的邏輯。

以上定義可能需要和其他條件相聯繫，如收入不平等的下降，減貧的可持續性等。這些定義大多都有各自衡量益貧式增長的方法。

（二）對益貧式增長定義的討論

益貧式增長是對窮人有利的增長，而對如何定義它的爭論也一直持續不斷。根據對上述益貧式增長概念的總結，益貧式增長定義大致可歸為兩類：絕對益貧式增長和相對益貧式增長。相對益貧式增長很容易理解，它是指，如果窮人的增長率超過了平均收入增長率，這種增長就是益貧式增

長。換句話說,窮人的收入增長超過了平均水平,收入不平等程度(至少是在窮人和非窮人之間)必定下降;其次是不平等程度的下降對窮人來說具有重要意義,因為他們的福利變動不僅依賴於自己的收入變動,還依賴於與社會群體之間的差距。

就絕對益貧式增長而言,Klasen(2008)將其進一步區分為「強絕對」益貧式增長和「弱絕對」益貧式增長,前者要求增長期間窮人的絕對收入收益大於平均收益(或非窮人的收益),後者則要求窮人收入的增長率大於0。White和Anderson(2000)的實證研究表明,強絕對益貧式增長在現實生活中很難實現,但這並不意味著研究強絕對益貧式增長沒有什麼意義。一些研究者認為,強絕對益貧式增長的實現能夠降低絕對不平等。如果過多考慮相對益貧式增長,而忽視強絕對益貧式增長,只關注相對收入不平等,可能會忽略絕對收入不平等的擴大(Amiel and Cowell, 1999; Atkinson and Brandolini, 2004; Duclos and Wodon, 2004; Klasen, 2004; Ravallion, 2005)。

另一種「絕對」是大多數政策討論所關注的重點,它認為益貧式增長就是窮人的增長率大於0(OECD, 2006),即窮人收入的絕對增長量應該大於0,我們可以稱它為弱絕對益貧式增長。Ravallion和Chen(2003)認為,如果經濟增長能夠降低Watts貧困指數,那麼這種增長就是益貧的。實現貧困程度下降是發展中國家的一個重要的政策目標,因此弱絕對益貧式增長的概念對關注貧困程度下降的發展中國家也很有意義。

表 2-1　　　　　　　　不同情況下的益貧式增長判斷

年份	窮人	增長(%)	非窮人	增長(%)	是否益貧
0	100	—	500	—	
1	103	3	510	2	相對,弱絕對
2	104	1	560	10	弱絕對
3	110	6	610	9	弱絕對

表2-1(續)

年份	窮人	增長(%)	非窮人	增長(%)	是否益貧
4	130	18	625	2	相對,弱絕對,強絕對
5	128	-1	592	-5	相對,強絕對

資料來源：OECD發展中心第246號文件

表2-1充分說明了兩個觀點（World Bank，2005b），它表示一個國家在一個初始狀態中，窮人人均掙了100美元，富人人均掙了500美元。在第一年裡，窮人的收入增長了3%，而非窮人的收入增長了2%，這種經濟增長在「弱絕對」和相對意義上是益貧的。

第二年，窮人的收入增長了1%，非窮人增長了10%，則增長僅在「弱絕對」定義下是益貧的，它說明增長的成果很難惠及窮人。在第三年，窮人收入增長6%，而富人增長9%，與第一年對比，顯示了「弱絕對」定義的優點。

在第三年，窮人有著比第一年更高的收入增長，就可稱這種情況為弱絕對益貧式增長。相反，這種情況在「相對益貧式增長」定義裡被稱為反貧困（用這個定義第一年較低的增長率被稱為益貧）。

在第四年，不僅窮人享受了收入增加的好處，而且他們的絕對收入超過了那些非窮人（20對12），這種情況是「弱絕對」「相對」「強絕對」的益貧式增長。因為在絕對意義上窮人獲得的財富比富人多。這樣的狀態要求窮人的收入增長率是18%（與非窮人收入的2%相比）。它很好地描述了實現強絕對益貧式增長是多麼的困難。

在第五年，收入下降，富人下降的比例（絕對數）比窮人多，這種情況不能稱為弱絕對益貧式增長，在相對意義上（或者是在「強絕對」意義上）可以稱之為益貧式增長，或者說這是一個益貧式收縮（Son，2004）。這種情況更好地說明了相對的概念不總是包含弱絕對增長定義的涵義。

通過對益貧式增長不同概念的論述可以看出，實際上不同概念的內涵

都圍繞著三個中心問題在討論。

第一個問題是，我們是關心窮人的絕對收入變化還是不平等本身。如果關注窮人絕對收入變動的話，弱絕對益貧式增長概念就能夠成立；如果僅關心後者的話，益貧式增長的弱絕對概念就沒什麼意義了。

第二個問題是，經濟增長和不平等減少之間是否具有權衡替代的關係。即使我們僅關心窮人的絕對收入，相對的概念也具有優點。收入不平等程度的下降加速了貧困的減少，但是這種減貧效果有可能被伴隨著這種不平等程度下降的任何增長的下降所抵消。基於這一認識，相對定義存在的意義將取決於增長和不平等減少之間是否具有權衡替代的關係（高速增長是以高度的不平等為代價，不平等的降低伴隨著增長的下降）。如果這種權衡替代的關係不存在，就有辦法降低不平等而不損害平均收入的增長（甚至提高）；如果這種權衡替代的關係存在，即不平等下降是以經濟增長下降為代價的，相對益貧式增長就沒有任何意義，因為不平等的下降可能會導致經濟增長下降（因此貧困率下降速度更慢）。

在本章關於經濟增長、收入分配和貧困關係的討論中，主流經濟學家的觀點說明了相對益貧式增長存在的價值。他們認為經濟增長伴隨著不平等上升的證據是脆弱的，經濟增長和不平等之間並沒有某種必然的因果聯繫。這個觀點有力地支持了相對益貧式增長理論，即經濟增長有可能伴隨著收入分配的改善。經濟增長向窮人傾斜能夠使窮人的收入增長最大化，但不會降低總的經濟增長水平。

第三個問題涉及政策的使用。當研究者僅關心貧困率下降的速度時，弱絕對益貧式增長是有意義的。但是當研究者希望判斷現有的經濟增長模式所提供的機會是否對窮人更有益時，相對益貧式增長的概念更加合適。

基於對上述問題的思考，各國政府在尋求實現益貧式增長的有效路徑時，應充分考慮本國的社會經濟發展程度。對發展中國家或地區，應思考過早強調公平是否會影響效率（即增長），是否對脫貧產生相反的作用，即減貧的時段性和可持續性。相關政策應在經濟發展前期關注弱絕對益貧

式增長，中後期轉而關注相對益貧式增長。而對於發展程度較好的國家，關注相對和強絕對益貧式增長以實現相對和絕對不平等的下降則更有意義。

四、幾種常見的益貧式增長測度方法

目前國內外學者根據益貧式增長的不同定義，提出了不少益貧式增長的測量方法。一些應用極為廣泛的益貧式增長的測度方法介紹如下：

（一）貧困的增長彈性（growth elasticity of poverty，GEP）

貧困的增長彈性（GEP）是測度益貧式增長的簡單方法。它表示兩個不同時期之間平均收入變動1%時，貧困發生率變動的比例。如果貧困的增長彈性大於1，它表示較小的收入變動就會導致較大幅度的貧困減少。GEP越大，在給定增長率條件下貧困率下降的幅度也越大，增長就越益貧。這種方法很具有吸引力，因為它簡單，且對數據的要求不高。但是這種方法也有缺陷，因為貧困對增長的反應程度依賴於收入的初始水平和收入分配的狀況。它的局限性有：（1）與較高的收入相比，對低收入而言，貧困對收入的變動更加敏感。因此，假如低收入國家和中等收入國家具有相同的經濟增長率，利用GEP來判斷這兩個國家的經濟增長是否益貧，得出的結論在低收入國家可能是有利於窮人的，而在中等收入的國家可能就不是益貧的。（2）同樣在不平等程度較高的情況下，貧困對收入的增長也不太敏感。因此，雖然GEP是一種簡便的方法，但是在對比國家之間的益貧式增長時應格外小心。（3）雖然彈性的概念十分清楚，但是它對收入分配中貧困線的位置十分敏感（Bourguignon，2002，2003；Ravalion，1997）。（4）在有的情況下利用GEP判斷益貧式增長可能得出錯誤的結論。如增長率為0，貧困率變動很小（下降），那麼計算的結果是貧困率的增長彈性是無限大的。

(二) GIC 曲線和益貧式增長率

Ravallion 和 Chen（2003）介紹了應用最為廣泛的益貧式增長的測度方法：增長發生曲線（growth incidence curve，GIC）和益貧式增長率（rate of pro-poor growth，RPPG），RPPG 是對 GIC 曲線的補充，當 GIC 曲線對結果無法做出明確判斷時，可以通過 RPPG 判斷。增長發生曲線的橫軸是將總人口按照收入由低到高從 0 到 100% 排序，縱軸反應了按收入排序的不同百分位點上的人口收入增長率。具體公式和判斷方法在後面有詳細介紹。

(三) 益貧式增長指數（Pro-Poor Growth Index，PPGI）

Kakwani 和 Pernia（2000）提出了一種益貧式增長的測度方法，稱之為益貧式增長指數（Pro-Poor Growth Index）。該方法假定貧困減少依賴於經濟增長和收入分配的變動。它認為經濟增長能夠降低貧困，但是如果經濟增長伴隨著不平等程度的上升，那麼經濟增長的減貧效果會減小。因此益貧式增長的測度方法如果不考慮不平等程度的變動對貧困減少的影響，其結果將可能產生偏差。

Kakwani 和 Pernia 將貧困的變動（P）分解為兩部分：一部分是當收入分配不發生變化時經濟增長的影響（純增長的影響 P_g）；一部分是當經濟增長保持不變時收入分配變動的影響 P_1，即 $P = P_g + P_1$。如果不平等不發生變化，單純的經濟增長對貧困的影響是負的，經濟增長將降低貧困率；如果經濟增長不發生變化，單純的不平等對貧困的影響可能是負的（如果不平等程度下降），也可能是正的（如果不平等程度上升）。根據上述分析定義益貧式增長指數 $PPGR = \gamma/\gamma_g$，γ 是總貧困的增長彈性，即平均收入（消費）增長率等於 1% 時，貧困發生變動的百分比；γ_g 是假定收入分配不變條件下貧困的增長彈性，即相對不平等不發生變動的條件下平均收入（消費）增長率等於 1% 時貧困發生 PPGR 變動的百分比。如果 PPGR 大於 1，則增長是益貧的；如果 PPGR 的數值在 0 到 1 之間，雖然經濟增長帶來了

貧困減少，但經濟增長的不平等的影響是負的，因此窮人從經濟增長中獲得的好處小於非窮人。

(四) 貧困等值增長率 (Poverty-Equivalent Growth Rate, PEGR)

Kakwani 和 Son (2002) 將 PPGR 擴展，提出貧困等值增長率 (PEGR) 的概念。貧困等值增長率公式為 $PEGR = \gamma^* = PPGR * \gamma$，其中 γ 是平均收入增長率，PPGR 就是上面提到的益貧式增長指數。雖然益貧式增長指數 PPGR 反應了窮人和非窮人之間的收益分配，但是它沒有考慮實際收入增長率。我們注意到收入增長帶來了貧困減少，而不平等程度的上升導致了貧困增加。如果經濟增長伴隨著不平等程度的下降，這意味著增長是益貧的。如果增長過程中不平等程度保持不變，PEGR (γ^*) 將和現實經濟增長率 γ 的減貧效果相同，如實際經濟增長率是 10%，PEGR 是 6%，這表示伴隨著不平等增加的 10% 的實際經濟增長率，與不平等不發生變化的 6% 的經濟增長率的減貧效果相同。

五、本研究對益貧式增長概念的界定及採用的模型方法

(一) 益貧式增長概念的界定

根據以上討論，本研究同時採用弱絕對、相對和強絕對益貧式增長定義測度中國益貧式增長，這樣能更全面地反應中國收入、教育、健康益貧式增長的程度和狀態。以上定義都要求明確貧困線，強絕對益貧式增長的定義很顯然在這幾種益貧式增長的定義中是最嚴格的，這就是為什麼絕大多數的實證研究和政策研究集中在弱絕對益貧式增長和相對益貧式增長的定義上 (OECD, 2006)。但是弱絕對益貧式增長和相對益貧式增長的定義忽略了相對不平等程度的下降可能通常伴隨著絕對不平等程度的上升，這被許多人看作是不受歡迎的，是社會緊張的重要來源 (Atkinson and Brandolini, 2004; Duclos and Wodon, 2004; Klasen, 2004)。實際上, 能夠導致絕對不平等下降的經濟增長尤其具有益貧效果, 因此考慮強絕對的概念也很有用。

根據上述概念, 本書將益貧增長和益貧增長率定義如下:

(1) 益貧增長是指貧困人口在經濟增長中受益的速度高於社會平均水平。

(2) 由收入十五等份數據計算的收入增長率均值, 為社會平均增長率; 貧困人口收入增長率的均值, 為益貧增長率。

(二) 益貧式增長判斷的模型方法

1. FGT 貧困指數

Foster、Greer 和 Thorebecke (1984) 提出了 FGT 指數, 用於測度貧困的狀態。其一般的連續形式為:

$$P_a = \int_0^z (\frac{z-y}{z})^\alpha f(y) dy \tag{2.1}$$

其中 y 是居民收入, $f(y)$ 是收入分布密度函數, α 可以取很多值, 但是最常用的是取 0、1、2。

當 $\alpha=0$ 時, P_0 就是貧困發生率, 下文用 H 表示。該指標說明了貧困人口占總人口的比重, 它衡量了社會中貧困的廣度。

當 $\alpha=1$ 時, P_1 就是貧困差距指標, 下文用 PG 表示。該指標用以評估貧困的深度, 它是貧困人口的收入或消費與貧困線之間的平均差距, 反應了貧困的嚴重程度。

當 $\alpha=2$ 時, P_2 就是平方貧困距, 下文用 SPG 表示。該指標對離貧困線更遠的人口在加權時賦予其更大的權重。它用於衡量貧困強度, 反應了貧困人口內部收入或消費的不平等狀況。

這三個指標聯合起來使用, 可以全面反應一個國家或地區的貧困水平和特徵。

2. 洛倫茲曲線形式的確定

Lorenz 曲線的形狀和相對位置的變化可以反應經濟增長、貧困和不平等之間的關係。目前擬合洛倫茲曲線的模型主要有兩種：一種是 GQ（General Quadratic）模型，由 Villasenor 和 Arnolds（1984，1989）提出；一種是 Beta 模型，由 Kakwani（1980）提出。FGT 指數主要是由洛倫茲曲線計算得來的。

GQ 模型的表達式為：$L(1-L) = a(p^2 - L) + bL(p-1) + c(p-L)$
$$(2.2)$$

利用該模型計算的洛倫茲曲線和 FGT 公式為

洛倫茲曲線：

$$L(p) = -\frac{1}{2}(bp + e + \sqrt{mp^2 + np + e^2}) \qquad (2.3)$$

貧困發生率（貧困廣度）：

$$H = -\frac{1}{2m}(n + r\frac{(b + \frac{2z}{\mu})}{\sqrt{(b + \frac{2z}{\mu})^2 - m}}) \qquad (2.4)$$

貧困差距指標（貧困深度）：

$$PG = H - \frac{\mu}{z}L(H) \qquad (2.5)$$

平方貧困距（貧困強度）：

$$SPG = 2PG - H - (\frac{\mu}{Z})^2[aH + bL(H) - \frac{r}{16}\ln(\frac{1 - \frac{H}{s_1}}{1 - \frac{H}{s_2}})] \qquad (2.6)$$

其中 L 為累計收入比例；p 為累積人口比例；z 為貧困線；μ 為人均收入。

在上述公式中，$e = -(a + b + c + 1)$；$m = b^2 - 4a$；$n = 2be - 4c$；$r =$

$\sqrt{n^2 - 4me^2}$; $s_1 = \dfrac{r-n}{2m}$; $s_2 = -(\dfrac{r-n}{2m})$。

Beta 模型的表達式為：$L(p) = p - \theta p^\gamma (1-p)^\delta$ \hfill (2.7)

利用該模型計算的 FGT 公式為

$$\theta H^\gamma (1-H)^\delta \left[\dfrac{\gamma}{H} - \dfrac{\delta}{1-H}\right] = 1 - \dfrac{z}{\mu} \qquad (2.8)$$

$$PG = H - (\dfrac{\mu}{z}) L(H) \qquad (2.9)$$

$$SPG = (1 - \dfrac{\mu}{z})[2PG - (1 - \dfrac{\mu}{z})H] + \theta^2 (\dfrac{\mu}{z})^2 [\gamma^2 B(H, 2\gamma-1, 2\delta+1) - 2\gamma\delta B(H, 2\gamma, 2\delta) + \delta^2 B(H, 2\gamma+1, 2\delta-1)]$$

其中，$B(k, r, s) = \int_0^k p^{r-1} (1-p)^{\delta-1} dp$ \hfill (2.10)

在擬合洛倫茨曲線時，應比較以上兩種模型的檢驗結果，在這兩個模型中選定最優模型。在具體計算中，Chen 和 Ravallion 認為應通過比較貧困線以下的那部分洛倫茨曲線的誤差平方和來確定是使用 GQ 模型還是使用 Beta 模型。

本研究利用世界銀行開發的 POVALL 軟件計算 H、PG、SPG 和基尼系數。

3. GIC 曲線及其多維益貧式增長判斷

增長發生曲線（GIC）是評估益貧式增長的比較好的方法，它也反應了經濟增長過程中收入分配模式的變動情況。GIC 曲線描述了 t-1 時刻和 t 時刻之間每一人口百分位點上收入增長率的變動軌跡。用公式表示如下：

$$y_t(p) = F_t^{-1}(p) = L_t'(p)\mu_t, \; y_t'(p) > 0 \qquad (2.11)$$

$$GIC: g_t(p) = \dfrac{y_t(p)}{y_{t-1}(p)} - 1 \qquad (2.12)$$

$$g_t(p) = \dfrac{L_t'(p)}{L_{t-1}'(p)}(\gamma_t + 1) - 1 \qquad (2.13)$$

p 是對應的百分位點，F_t^{-1} 是第 p 個百分位點（收入百分位點）上累積

分布函數的反函數，$L_t(p)$ 是洛倫茨曲線［斜率是 $L_t'(p)$］，$\gamma_t = \dfrac{\mu_t}{\mu_{t-1}} - 1$ 是人均收入或消費的平均增長率（GRIM）。GIC 曲線可以像公式（2.12）那樣定義為第 p 個百分位點上的收入增長率，也可以將公式（2.11）帶入公式（2.12）後得到公式（2.13）。

公式（2.13）中，如果所有百分位點上的增長率相等，洛倫茨曲線不發生變動，不平等程度保持不變，對於所有的 p，$g_t(p) = \gamma_t$；若 $\dfrac{y_t(p)}{\mu_t} > \dfrac{y_{t-1}(p)}{\mu_{t-1}}$，則有 $g_t(p) > \gamma_t$，對於所有的 p，$g_t(p)$ 是減函數，相對不平等程度下降。

只有當 GIC 曲線有非常明確的趨勢時，利用其判斷增長是否益貧時才不要求使用貧困線。但是一般情況下 GIC 曲線在不同的百分位點上有不同的斜率，而且正負斜率有可能隨著百分位點的不同而不斷轉化，因此僅憑 GIC 曲線無法做出明確判斷。為了解決這個問題，Ravallion 和 Chen（2004）提出益貧式增長率（PPGR），通過計算初始時期貧困線以下 GIC 曲線的面積，即窮人的收入增長率作為輔助判斷。如果益貧式增長率高於平均增長率（GRIM），則增長是益貧的。

Ravallion 和 Chen（2003）根據 GIC 曲線定義的益貧式增長率（PPGR），也就是貧困線以下 GIC 曲線下的面積。

PPGR 定義為：

$$PPGR_t = g_t^p = -\dfrac{dW_t}{dt} = \dfrac{1}{H_{t-1}} \int_0^{H_{t-1}} g_t(p) dp \qquad (2.14)$$

其中，$W_t = \int_0^{H_t} \log\left[\dfrac{z}{y_t(p)}\right] dp$ 是 Watts 貧困指數，z 是貧困線，H_t 是 t 時刻的貧困發生率。

PPGR 反應了貧困人口的收入平均增長率。PPGR 是對 GIC 曲線的補充，當 GIC 曲線對結果無法做出明確判斷時，可以通過 RPPG 來判斷。如

果 GIC 曲線在 H_{t-1} 之前變換符號，則不能僅憑 GIC 曲線判斷增長是否是益貧的。在這種情況下，可以使用 RPPG 判斷，如果 $PPGR_t>0$，增長是弱絕對益貧的，如果 $PPGR_t<0$，則不是。

為了考察增長在相對意義上是否是益貧的，可以對比 PPGR 與總的收入平均增長率（GRIM）。GRIM 定義為：

$$GRIM = \frac{\mu_t}{\mu_{t-1}} - 1 \tag{2.15}$$

其中 μ 表示總人口的平均收入。如果 PPGR 大於 GRIM，即窮人收入平均增長率大於總的收入平均增長率，則增長在相對意義上是益貧的。

將 GIC 曲線引入非收入指標益貧式增長的測度，考察整個收入分布上非收入福利指標的絕對變動及其分配狀況很有意義。Klasen（2005）、Grosse 等（2008）以玻利維亞為例，將收入益貧式增長的測度方法 GIC 曲線擴展到非收入指標，提出了非收入增長發生曲線（NIGIC）。

為了考察強絕對意義上的益貧式增長，我們必須關注兩個不同時期（$t-1$，t）不同的人口百分位數上收入的絕對變動。定義絕對 GIC 如下：

$$GIC_{absolute} = y_t(p) - y_{t-1}(p) \tag{2.16}$$

它表示每一百分位點上收入的絕對變化。如果絕對 GIC 是負斜率，表示強絕對益貧式增長。根據絕對 GIC，定義益貧式變動（PPCH），它是直到貧困發生率（H）的 GIC 曲線下的面積，PPCH 表示為

$$PPCH = c_t^p = \frac{1}{H_{t-1}} \sum_{i=1}^{H_{t-1}} c_{it}(p) \tag{2.17}$$

PPCH 表示窮人收入的平均變動。

為比較增長是否在強絕對意義上益貧，設總人口平均收入的變動為：

$$CHIM = \mu_t - \mu_{t-1} \tag{2.18}$$

當 PPCH 大於 CHIM，即窮人平均收入的增加大於總體平均收入的增加，表示增長在強絕對意義上是益貧的。

第三部分　新疆經濟增長、多維貧困和不平等現狀分析

一、新疆經濟增長現狀分析

(一) 新疆經濟增長與國內其他地區的比較

1. 新疆經濟增長總量與國內其他地區的比較

自2000年以來，新疆經濟經歷了一個快速增長的過程。新疆地區生產總值從2000年的1,363.56億元增加到2014年的9,273.46億元，年均增長14.7%；新疆人均生產總值從2000年的7,372元增加到2014年的40,648元，年均增長13.0%。從表3-1來看，雖然新疆經濟增速較快，但是與其他省份相比，其地區生產總值總量一直偏小。2003年，新疆地區生產總值在全國排名為25位，2014年仍然排名第25位；2003年，新疆地區生產總值僅為全國排名第一的廣東省地區生產總值的13.96%，到2014年減少到為廣東省的13.7%。

人均地區生產總值更能夠直觀反應一個國家或地區的真實實力，它本

身具有社會公平的含義。2003年，在全國31個省、市、自治區、直轄市中，新疆人均生產總值排名第12位，其人均地區生產總值高出全國平均水平664元；2014年名次有所下降，排名第16位，其人均地區生產總值低出全國平均水平6,004元，差距十分明顯。這說明新疆雖然在經濟發展方面有很大的進步，但是真正的經濟實力有待進一步提高。

表3-1　　　　2003—2014年各省區地區生產總值比較

	2003 地區生產總值（億元）	位次	2014 地區生產總值（億元）	位次	2003 人均地區生產總值（元）	位次	2014 人均地區生產總值（元）	位次
全國	116,898	-	636,463	-	9,046	-	46,652	-
北京	3,612	15	21,331	13	24,807	2	99,995	2
天津	2,387	22	15,723	17	23,609	3	105,202	1
河北	7,095	5	29,421	6	10,482	11	39,984	18
山西	2,446	20	12,759	24	7,380	17	35,064	24
內蒙古	2,093	24	17,770	15	8,794	15	71,044	6
遼寧	6,003	8	28,627	7	14,258	8	65,201	7
吉林	2,522	18	13,804	22	9,326	13	50,162	11
黑龍江	4,433	13	15,039	20	11,620	10	39,226	20
上海	6,251	7	23,561	12	36,533	1	97,343	3
江蘇	12,452	2	65,088	2	16,813	6	81,874	4
浙江	9,200	4	40,154	4	19,658	4	72,967	5
安徽	3,973	14	20,849	14	6,198	27	34,427	26
福建	5,242	11	24,056	11	15,028	7	63,472	8
江西	2,830	16	15,709	18	6,653	23	34,661	25
山東	12,430	3	59,427	3	13,622	9	60,879	10
河南	7,026	6	34,939	5	7,268	19	37,073	22
湖北	5,396	10	27,367	9	8,990	14	47,124	13

表3-1(續)

	2003 地區生產總值（億元）	位次	2014 地區生產總值（億元）	位次	2003 人均地區生產總值（元）	位次	2014 人均地區生產總值（元）	位次
湖南	4,634	12	27,049	10	6,954	21	40,287	17
廣東	13,450	1	67,792	1	16,910	5	63,452	9
廣西	2,733	17	15,673	19	5,627	28	33,090	27
海南	678	28	3,501	28	8,354	16	38,924	21
重慶	2,250	23	14,265	21	7,189	20	47,859	12
四川	5,456	9	28,537	8	6,272	26	35,128	23
貴州	1,344	26	9,251	26	3,474	31	26,393	31
雲南	2,459	19	12,815	23	5,619	29	27,264	29
西藏	185	31	921	31	6,837	22	29,252	28
陝西	2,399	21	17,690	16	6,500	25	46,929	14
甘肅	1,301	27	6,835	27	4,998	30	26,427	30
青海	390	29	2,301	30	7,307	18	39,633	19
寧夏	385	30	2,752	29	6,636	24	41,834	15
新疆	1,878	25	9,274	25	9,710	12	40,648	16

資料來源：《新疆統計年鑒》（2002，2015）

2. 新疆經濟增長速度與國內其他地區的比較

從表3-2來看，按現價計算，2003—2014年，新疆地區生產總值增長速度雖然達到了15.62%，但是仍低於全國平均水平（16.66%）近1個百分點，在31個省、市、自治區、直轄市中，與全國排名第一的內蒙古相差近10個百分點，排名全國第24位。新疆人均生產總值增長速度為13.90%，低於全國平均水平（16.08%）近2.2個百分點，與全國排名第一的內蒙古相比，相差近7個百分點，排名全國第25位。因此，與全國其他地區相比，新疆經濟增長速度並不高，從而導致其經濟總量一直排名靠後。

表 3-2　　　　2003—2014 年全國各省區經濟增長速度比較

	現價地區生產總值增長速度（%）	位次	現價人均地區生產總值增長速度（%）	位次
全國	16.66	–	16.08	–
北京	17.52	7	13.51	26
天津	18.69	5	14.55	22
河北	13.80	29	12.94	27
山西	16.20	17	15.22	18
內蒙古	21.46	1	20.92	1
遼寧	15.26	26	14.82	20
吉林	16.71	12	16.53	11
黑龍江	11.75	31	11.69	30
上海	12.82	30	9.32	31
江蘇	16.22	16	15.48	16
浙江	14.33	28	12.66	29
安徽	16.27	13	16.87	9
福建	14.86	27	13.99	24
江西	16.86	11	16.19	14
山東	15.29	25	14.58	21
河南	15.70	23	15.97	15
湖北	15.91	20	16.25	13
湖南	17.40	9	17.32	7
廣東	15.84	21	12.77	28
廣西	17.21	10	17.47	6
海南	16.10	19	15.02	19
重慶	18.28	6	18.81	4
四川	16.23	15	16.96	8
貴州	19.17	4	20.24	2

表3-2(續)

	現價地區生產總值增長速度（%）	位次	現價人均地區生產總值增長速度（%）	位次
雲南	16.19	18	15.44	17
西藏	15.73	22	14.13	23
陝西	19.92	2	19.69	3
甘肅	16.28	14	16.34	12
青海	17.51	8	16.62	10
寧夏	19.58	3	18.22	5
新疆	15.62	24	13.90	25

（二）新疆內部不同區域間經濟增長的差異分析

如前所述，改革開放以來，新疆的整體經濟實力明顯提高，但由於自然基礎、資源稟賦、歷史文化等條件的差異，新疆各地區的經濟發展在空間上呈現出不均衡性，這種不均衡性既體現在東疆、南疆、北疆三大區域之間，也體現在區域內各縣市之間。新疆經濟發展的不均衡的趨勢和程度，可以利用Theil指數和離散系數來理解。

1. Theil指數分析

Theil指數是用於分析區域之間和區域內部經濟差異變化的指標。其計算方法如下：

$$T = \sum (g_i/G) \times \log[(g_i/G)/(p_i/P)]$$

式中，T為Theil指數，測度新疆區域經濟總體差異；g_i為第i個區域的地區生產總值，p_i為第i個區域的人口數；G為新疆地區生產總值；P為新疆的人口數。對Theil指數進行分解，得到如下計算公式：

$$T = T_b + T_w = T_b + \sum G_i T_{w(i)}$$

$$t_b = \sum G_i \times \log(G_i/P_i)$$

$$T_{w(i)} = \sum (g_j/G_i) \times \log[(g_j/G_i)/(p_j/P_i)]$$

$$G_i = \sum g_j, j \in i; i=1, 2, \cdots, 6$$

$$P_i = \sum p_j, j \in i; i=1, 2, \cdots, 6$$

式中，T_b為區際差異，T_w為區內差異，是各區域內部差異$T_{w(i)}$的加權和；G_i為第i個區域地區生產總值占新疆的份額；P_i為第i個區域人口占新疆的份額；g_j為第j個區域地區生產總值占新疆地區生產總值的份額；p_j為第j個區域人口占新疆人口的份額。

計算結果表明（如表3-3所示），2000—2014年三大地區之間的經濟差異相對較小，大體上有上升勢頭，但是變動趨勢緩慢，對新疆整體差異貢獻不大，這表示北疆、東疆與南疆的差距有拉大的勢頭。三大地區內部的差異尤其是北疆和南疆各自內部的差異對新疆的經濟差異貢獻最大，區域內差異的變動導致了新疆整體差異的大幅度變動。對於北疆、東疆、南疆三大地區，區域經濟發展差異變化最平穩的是東疆，泰爾指數的波動範圍非常小。變動幅度最大的地區為南疆，只有個別年份除外。北疆的泰爾指數由2000年的0.213上升到了2006年的0.294，而後又下降到了2014年的0.183。東疆內部各縣（市）發展差異相對較小，對整體的貢獻率最低且貢獻率有下降的趨勢。在考察年份內，與東疆相比，北疆和南疆內部差異比較顯著，尤其是北疆地區內部差異各年份均高於南疆內部差異。此外，北疆內部經濟差異還左右著新疆的整體差異水平。北疆和南疆內部差異均在2006年左右達到了最大值，而後又趨於下滑。總體來說，北疆內部差異有降低的趨勢，但是南疆經濟發展差異隨著時間的推移有變大的趨勢；北疆內部差異對新疆整體經濟發展差異的貢獻率呈逐年降低趨勢，而南疆內部差異對新疆整體的貢獻率上漲趨勢非常顯著。雖然北疆內部差異對全疆貢獻率最大，但是，南疆地區的上升趨勢也必須引起我們的注意。造成這一趨勢的主要原因是新疆「一圈、多群、三軸、一帶」的整體發展規劃，北疆作為全疆經濟中心，天山北坡經濟帶作為新疆發育最完善的經濟帶和

新疆的經濟發展軸帶，其經濟「溢出效應」顯著，對其「外圍」地區的帶動也十分強勁。尤其是近些年以來北疆連續構建了烏昌都市區、伊犁河谷城鎮群、博州城鎮群、「奎克烏」城鎮群及阿勒泰-北屯-福海城鎮群。這些城鎮群具有圈群集聚特徵，作為增長極鑲嵌在整個北疆地區，對於縮小地區差異起了重要的作用。但是由於原有經濟發展水平的影響，這些組群及其附屬縣（市）的發展水平差異還是較大，這也是北疆內部差異依舊是新疆內部發展差異首要影響因素的原因。南疆地區由於天山北坡產業帶的形成以及重點建設「庫爾勒-庫車-阿克蘇-阿圖什-喀什」這一軸帶，使得南疆地區差異呈現了上升的趨勢。

表 3-3　　　　新疆區域經濟發展差異的泰爾指數分解

年份	北疆 泰爾指數	北疆 比重（%）	東疆 泰爾指數	東疆 比重（%）	南疆 泰爾指數	南疆 比重（%）	三大地區間 泰爾指數	三大地區間 比重（%）	新疆
2000	0.213	47.865	0.014	3.146	0.131	29.438	0.087	19.551	0.445
2001	0.225	50.111	0.015	3.341	0.119	26.503	0.091	20.267	0.449
2002	0.211	50.000	0.011	2.607	0.11	26.066	0.090	21.327	0.422
2003	0.253	53.151	0.013	2.731	0.118	24.79	0.093	19.538	0.476
2004	0.282	54.335	0.013	2.505	0.128	24.663	0.096	18.497	0.519
2005	0.292	53.775	0.015	2.762	0.149	27.44	0.087	16.022	0.548
2006	0.294	52.406	0.016	2.852	0.167	29.768	0.084	14.973	0.561
2007	0.267	50.857	0.014	2.667	0.159	30.286	0.085	16.101	0.525
2008	0.283	51.832	0.013	2.381	0.162	29.67	0.088	16.117	0.546
2009	0.191	47.870	0.004	1.003	0.118	29.574	0.086	21.554	0.399
2010	0.229	51.693	0.003	0.677	0.117	26.411	0.094	21.219	0.443
2011	0.211	48.284	0.004	0.915	0.128	29.291	0.095	21.739	0.437
2012	0.184	46.701	0.004	1.015	0.116	29.442	0.09	22.843	0.394
2013	0.181	46.303	0.003	1.004	0.114	29.395	0.093	22.786	0.391
2014	0.183	45.932	0.003	0.983	0.116	29.412	0.091	22.857	0.393

2. 離散系數分析

離散系數是衡量各觀察值變異程度的指標，計算公式為 $s = \sigma/\bar{x}$。其中 σ 表示變量觀測值的標準差，$\bar{x}$ 表示該變量觀測值的均值。在本書中它用於描述新疆南北疆及東疆內部差異的變動趨勢。

根據表 3-4 可知，2001 年以來，北疆地區生產總值對全疆貢獻最大，其內部經濟差異也最大，2014 年達到了 65%；東疆內部差異較小，其地區生產總值所占份額也最小，2014 年達到了 7%。總體來看，南北疆之間及其內部經濟發展差異在不斷增加。伴隨著經濟的高速發展，南北疆之間、區域之間發展的不平衡性成為新疆經濟增長的重要特徵。

表 3-4　2001—2014 年新疆不同區域離散系數及地區生產總值所占份額

年份	離散系數				地區生產總值所占份額（%）		
	總體	北疆內部	南疆內部	東疆內部	北疆	南疆	東疆
2001	0.85	0.88	0.70	0.45	0.64	0.28	0.08
2002	0.86	0.89	0.71	0.41	0.64	0.28	0.08
2004	0.89	0.88	0.77	0.42	0.66	0.27	0.07
2005	0.90	0.87	1.00	0.38	0.69	0.23	0.08
2006	0.91	0.86	1.04	0.44	0.69	0.23	0.08
2007	0.92	0.89	1.03	0.43	0.69	0.23	0.08
2008	0.91	0.90	0.91	0.32	0.65	0.27	0.07
2009	0.89	0.88	0.79	0.12	0.66	0.28	0.06
2010	0.89	0.87	0.79	0.06	0.67	0.27	0.06
2011	0.91	0.90	0.80	0.00	0.66	0.27	0.06
2012	0.91	0.91	0.77	0.07	0.66	0.28	0.06
2013	0.88	0.89	0.75	0.17	0.65	0.28	0.07
2014	0.89	0.90	0.74	0.30	0.65	0.28	0.07

註：數據根據歷年《新疆統計年鑒》整理計算得到；《新疆統計年鑒》未給出 2003 年的分地區數據

新疆區域間經濟發展差異性較大是導致地區之間和城鄉之間居民收入、健康、教育等資源分配不均等的重要原因。要縮小新疆內部各區域的發展差異，未來必須將主要工作落實到扭轉北疆和南疆內部差異上來，尤其是加快落後地區的經濟增長。北疆作為新疆經濟發展核心地帶，對整個新疆經濟發展起著至關重要的作用，因此天山北坡經濟帶對北疆西、北部地區，如阿勒泰、塔城、博樂地州的沿邊高寒地帶的帶動還需加強。與此同時，加快構建南疆發展增長軸帶，擴大經濟軸帶溢出效應，積極培育以南疆地區的喀什、和田、阿克蘇為中心的增長極點，對於扭轉南疆區域差異不斷擴大的趨勢有著重要意義。

二、新疆收入貧困和不平等現狀分析

（一）新疆城鎮收入貧困和不平等現狀分析

新疆是國家扶貧開發重點省區之一，長期以來農村貧困問題備受關注，政府制定的各項反貧困政策也主要圍繞著如何消除農村貧困展開，實際上新疆城鎮也存在數量龐大的貧困人口。20世紀90年代以前，城鎮貧困人口主要由「三無」人口（無勞動能力、無經濟來源以及無法定的贍養人和撫養人）構成，由於這部分人口所占比重很小，所以長期被政策制定者和學術界所忽視。20世紀90年代，城市經濟體制改革和國有經濟重組導致大量的城鎮職工下崗，其中很大一部分勞動者因為人力資本和其他稟賦條件不足而難以再就業。與此同時，計劃經濟時代以單位為主體的福利機制開始瓦解，而相應的社會保障機制還未完善，從而形成了大量的城市貧困群體。此外，隨著農村人口向城鎮遷移成為一個普遍現象，遷移人口的貧困程度對城鎮貧困也產生著重要影響。這種新的城鎮貧困與傳統的「三無」人員城市貧困有著顯著區別，它是制度變遷和社會轉型的產物。這些貧困人口中的大部分人有勞動能力和勞動意願，但是沒有就業機會。

新疆作為社會經濟發展落後的地區，城鎮貧困具有其特殊性。目前新疆的城鎮貧困人口主要由失業人員（登記和未登記）、靈活就業人員、在職職工、老年人和在校生構成。2013 年，新疆城鎮享受最低生活保障的人口中登記和未登記的失業人員所占比重達到了 37.8%（中國民政部，2014），形成了貧困人口的主體。由此可見，就業不足是新疆城鎮貧困的最主要原因。新疆城鎮貧困人口在 14 個地州市都有分布，呈現出總體分散、局部集中的特點，貧困程度從北疆、東疆到南疆呈不斷加深趨勢，呈現出較強的民族性特徵。新疆城鎮貧困人口主要集中在南疆的喀什、和田、克州以及北疆的阿勒泰地區、博爾塔拉蒙古自治州，這些地區的居民以少數民族為主，貧困人口和少數民族人口重合性高，貧困問題和少數民族問題交織在一起，加劇了城鎮減貧的複雜性。

新疆不同地區的貧困程度與各地區社會經濟發展程度、工業化程度、地理環境密切相關。烏魯木齊、克拉瑪依是新疆工業化程度較高的城市，屬於新疆工業發展的龍頭區域；昌吉州毗鄰烏魯木齊，多年來借助區位優勢獲得了較好發展。這三個地區憑藉良好的社會經濟發展條件及優越的地理位置創造出大量的就業崗位，使當地貧困程度始終保持較低水平。阿勒泰和博州屬於北疆邊境高寒貧困牧區，自然災害頻發，扶貧難度很大。克州、和田、喀什自然條件惡劣，基礎設施薄弱，遠離中心城市，工業化程度很低，2013 年這三個地州規模以上工業增加值之和占全疆總額不到 1%，當地經濟創造就業崗位的能力極為有限，是新疆少數民族貧困人口最多、面積最大、集中連片的貧困地區。

國內針對新疆城鎮貧困問題的研究不多，相關研究幾乎一致認為，現階段新疆城鎮貧困問題成因複雜，除了城市經濟體制改革、社會保障制度不健全、自然生態環境惡劣、社會經濟發展落後等重要因素外，人文因素對城鎮問題的影響也不可忽視。新疆城鎮貧困人口主要以受教育程度低下的少數民族為主，傳統的生活方式和價值觀念導致他們創新意識和遷移意識薄弱。文化差異、飲食差異、語言差異和宗教信仰差異等因素使得他們

不願意離開本土去競爭和冒險，因此，改變自身貧困的願望不強烈。總的來說，新疆城鎮貧困人口受制於惡劣的自然生態環境、落後的受教育水平和本民族的文化特徵，在勞動力使用和家庭生產投資方面很難實現資源的合理配置。在新疆城鎮反貧困中應充分考慮民族貧困的複雜特徵，採取綜合而又有針對性的扶貧政策。

1. 數據來源與貧困線的確定

由於新疆城鎮居民住戶調查數據無法獲得，本書採用《新疆統計年鑒》中各年份的城鎮居民七等份收入分組數據測度各年份新疆城鎮貧困指數。

貧困線是劃分窮人和非窮人的基本標準，在實際應用中，貧困線可分為絕對貧困線和相對貧困線兩種。絕對貧困線是維持基本生存所需要的收入或消費水平，常用的確定方法主要有馬丁法、食物支出份額法、預算標準法等；相對貧困線的確定主要採用收入比例法，最常用的是國際貧困線法，即把社會平均可支配收入的50%或60%作為貧困線。本研究把城鎮居民人均可支配收入的50%作為貧困線來測度新疆城鎮的相對貧困程度。

2. 新疆城鎮 FGT 貧困指數變動

根據前面的分析框架和計算模型，得到2002—2014年新疆城鎮洛倫茨曲線形式和相應的 FGT 貧困指數、基尼系數，如表3-5所示。

表3-5　2002—2014年新疆城鎮 FGT 貧困指數及基尼系數變動　單位:%

年份	模型形式	貧困規模 H	貧困深度 PG	貧困強度 SPG	GINI 系數
2002	GQ	15.09	5.48	2.87	30.85
2003	BETA	12.41	3.68	1.96	28.27
2004	BETA	13.93	4.46	2.5	29.12
2005	GQ	16.11	5.09	2.26	29.97
2006	BETA	13.54	4.03	2.14	29.08
2007	BETA	11.52	3.73	2.27	27.43

表3-5(續)

年份	模型形式	貧困規模 H	貧困深度 PG	貧困強度 SPG	GINI 系數
2008	GQ	15.66	5.65	2.89	30.42
2009	BETA	13.47	4.17	2.23	30.23
2010	BETA	13.52	4.44	2.57	30.32
2011	BETA	13.2	4.08	2.14	29.77
2012	BETA	10.74	3.13	1.62	26.72
2013	GQ	10.97	2.85	1.64	26.3
2014	GQ	11.91	2.92	0.99	24.58

註：數據根據歷年的《新疆統計年鑒》相關數據計算得到

從表3-5來看，2002—2014年新疆城鎮貧困變化呈波浪起伏狀態，貧困規模和貧困深度的峰頂在2002年、2005年、2008年，貧困強度的峰頂在2002年、2004年、2008年。這三個指數均在2012年下降至歷史最低水平，分別為10.74%、3.13%、1.62%。從各年份FGT貧困指數的變動趨勢來看，新疆城鎮的貧困規模、深度和強度的變化方向一致，變動幅度不同。即當城鎮貧困規模擴大的同時，貧困的深度和貧困人口內部的不平等程度也在加深，反之亦然。從2002—2014年新疆城鎮的減貧成果來看，城鎮貧困規模的下降幅度最大，下降了3.18%；貧困強度下降幅度最小，下降了1.88%。

反應城鎮居民收入不平等程度的基尼系數從2002年的30.85%下降至2007年的27.43%，隨後反彈至2008年的30.42%。2008—2010年變化很小。2010年以後，全國18個省的援疆工作和民生工程初顯成效，新疆城鎮的基尼系數下降幅度較大，2014年達到了自2002年以來的歷史最低水平24.58%。實際上，2002年以來，新疆城鎮的基尼系數始終在31%以下，按照聯合國有關組織的劃分標準，新疆收入分配屬於相對比較合理的範圍。新疆城鎮基尼系數較低主要有以下兩個原因：（1）新疆城鎮居民整體收入水平較低，不同收入群體之間的收入差距也相對較低。2013年，新疆城鎮

居民人均可支配收入19,873.8元，在全國31個省市自治區中排名倒數第4，僅為全國平均水平的73.7%；同年，新疆城鎮最低收入組人均可支配收入與最高收入組收入之比為1：6.27，低於全國平均水平（約為1：7.8）。(2) 新疆城鎮居民低收入群體的人均可支配收入增長速度較快。2002—2010年，最低收入群體的年人均可支配收入年均增長為13.7%，最高收入群體為9.2%；2010—2014年最低收入群體的人均可支配收入年均增長達到了17.41%，最高收入群體年均增長5.6%。也就是說，2002年以來，新疆城鎮最低收入群體的收入增長速度一直快於最高收入群體，且2010年以後有加速趨勢。高低收入群體的收入差距不斷縮小，從而使得新疆城鎮基尼系數偏低。

3. 新疆城鎮貧困的影響因素分析

根據表3-6，分階段來看，2002—2005年的分析結果表明：（1）這段時期，經濟增長對降低貧困發生率的作用較為明顯，收入分配的改善對降低貧困的嚴重程度，尤其是貧困人口內部的不平等程度效果良好，貧困線的上升導致貧困發生率提高了1.98%，貧困深度提高了0.72%，但是對貧困人口內部不平等程度的影響作用有限。（2）經濟增長和貧困線的變動對貧困發生率的影響最大，對貧困強度的影響最小；收入分配對貧困發生率的影響最小，對貧困強度的影響最大。

2005—2010年的分析結果表明：（1）經濟增長降低貧困發生率、貧困深度、貧困強度的作用依次減弱，收入分配的變動改善了貧困發生率和貧困深度，但是貧困強度有所惡化；（2）經濟增長對貧困規模、深度和強度的影響均超過了收入分配的影響；（3）貧困線的變動對貧困發生率、貧困深度和貧困強度的負面影響依次下降；（4）貧困線的上升導致貧困發生率上升了18.04%，幾乎抵消了經濟增長的減貧效果，導致貧困深度和貧困強度分別上升了5.63%和1.29%。

2010—2014年的分析結果表明：（1）經濟增長和收入分配的改善均不同程度降低了FGT貧困指數，經濟增長降低貧困發生率和貧困深度的效果

好於收入分配，收入分配降低貧困強度的效果最好；（2）貧困線的上升不同程度提高了FGT貧困指數（貧困發生率增加的幅度最大，貧困強度增加的幅度最小），但是它對貧困程度的影響小於經濟增長帶來的積極影響；（3）這段時期是貧困發生率、貧困深度和貧困強度下降幅度最大的一個時期，新疆城鎮貧困規模、貧困嚴重程度和貧困人口內部不平等的程度均得到了明顯改善。

2002—2014年的分析結果表明：（1）經濟增長和收入分配的改善均降低了FGT貧困指數，其中經濟增長降低貧困發生率32.23%，貧困深度8.96%，遠遠超過了收入分配的改善對這兩個指標的影響；而收入分配的改善對降低貧困強度作用比較明顯。（2）這十年來，經濟增長降低貧困規模的效果最為顯著，收入分配的改善降低貧困強度的幅度最大；貧困線的上升所導致的貧困發生率和貧困深度的上升幾乎抵消了經濟增長降低這兩個指標的積極影響，而貧困線的上升所導致的貧困強度的上升幾乎抵消了收入分配的改善降低貧困強度的積極作用。所以，從長期來看，貧困線的上升是新疆城鎮貧困程度下降幅度較小的一個重要原因。

無論是短期還是長期，城鎮經濟增長降低貧困發生率的作用顯著，而收入分配對貧困人口內部不平等程度變動的影響最大。除了2002—2005年新疆城鎮收入分配的惡化導致了貧困發生率的上升，其他時間段新疆城鎮收入分配的改善均降低了貧困發生率、貧困深度和貧困強度。貧困線的上升不同程度地增加了貧困規模、深度和強度，它對FGT貧困指數的負面影響幾乎與經濟增長對FGT指數的積極影響相當；它對貧困發生率的影響最大，對貧困深度的影響其次，對貧困強度的影響最小。貧困線是區分窮人和非窮人的分界線，貧困線的上升雖然加深了貧困程度，但是更多的低收入群體被劃入貧困人口中，從而得到扶貧優惠政策的關注。

表 3-6　　　　　2002—2014 年新疆城鎮貧困指數分解　　　單位:%

	總變動	經濟增長因素	收入分配因素	貧困線變動因素
2002—2005				
ΔH	1.02	-1.31	0.35	1.98
ΔPG	-0.39	-0.47	-0.64	0.72
ΔSPG	-0.61	-0.02	-0.85	0.26
2005—2010				
ΔH	-2.59	-19.90	-0.73	18.04
ΔPG	-0.65	-6.24	-0.04	5.63
ΔSPG	0.31	-1.37	0.39	1.29
2010—2014				
ΔH	-2.78	-7.68	-2.24	7.14
ΔPG	-1.31	-2.42	-1.31	1.83
ΔSPG	-0.95	-0.81	-1.00	0.84
2002—2014				
ΔH	-4.35	-32.23	-3.28	31.16
ΔPG	-2.35	-8.96	-1.86	8.46
ΔSPG	-1.25	-1.26	-1.64	1.65

4. 結論與建議

根據上文對新疆城鎮貧困現狀的分析，可以得出以下結論：

（1）2002—2014 年新疆城鎮 FGT 貧困指數和反應收入不平等的基尼系數總體上呈下降趨勢，2010 年以後下降速度尤為明顯，並在 2012 年達到了歷史最低水平。此時不同收入群體的收入分配比較合理，窮人內部不平等的程度也有明顯改善。

（2）從新疆城鎮 FGT 貧困指數的分解結果來看，2002—2014 年，新疆城鎮貧困規模的下降主要得益於新疆經濟的快速增長。由於城鎮收入分配

總體上在不斷改善，因此在多數時間段內，它對減貧的作用是積極的，但是它降低貧困發生率的效果遠低於經濟增長的效果，在大多數時間段內降低貧困深度的效果也不如經濟增長效果，不過它降低貧困強度的效果最好。由此可見，經濟增長是降低貧困規模和貧困嚴重程度最有效的工具，而改善貧困人口內部不平等程度則是收入分配的改善實現效果最好。

貧困線的上升所導致的 FGT 貧困指數上升的幅度與經濟增長降低 FGT 貧困指數的幅度在多數情況下大致相當，這也是新疆城鎮 FGT 貧困指數下降緩慢的一個重要原因。在這種情況下，新疆城鎮收入分配的改善對減貧的積極作用就顯得尤為重要。在今後的城鎮扶貧工作中應繼續重視收入分配的改善，盡量減少其對減貧的不利影響。

（3）從新疆城鎮的減貧效果來看，2010 年以前，新疆城鎮 FGT 貧困指數下降幅度相對較小，基尼系數總體呈緩慢上升趨勢；2010 年以後，在保持經濟快速增長的同時，得益於援疆建設和大規模的民生工程，新疆城鎮低收入群體的收入大幅上升，其增長速度超過了其他收入群體，收入分配向低收入群體傾斜，城鎮貧困程度有了明顯改善。這說明新疆目前實施的經濟增長和對窮人有利的收入分配相結合的反貧困戰略效果良好。

從新疆近年來的城鎮減貧實踐來看，2010 年以前，新疆城鎮的反貧困戰略主要是依靠經濟增長的減貧戰略，但是效果並不理想。2002—2010 年，新疆年均實際增長 10.8%，新疆城鎮貧困發生率僅下降了 1.57%，貧困深度和貧困強度的下降幅度更小。2010—2014 年，在保持經濟持續增長的同時，新疆民生工程密集推出，涉及交通、住房、衛生醫療、燃氣、供水等眾多領域，城鎮低收入群體從中收益頗多，收入有了明顯提高，收入分配不斷改善，FGT 貧困指數下降較為明顯，說明經濟增長和對窮人有利的收入分配相結合的反貧困戰略在新疆城鎮減貧實踐中取得了一定成效。在制定未來的反貧困戰略時應繼續延續這一思路，在保持較快的經濟增長速度的同時，也應關注經濟增長的質量，加強經濟增長的益貧性、益民族性，使貧困人口能夠充分參與到經濟增長過程中，分享到經濟增長的成果。此

外，還應充分考慮少數民族地區城鎮貧困的特殊性，採取綜合性、有針對性的扶貧措施，使城鎮少數民族貧困人口在現代化發展與民族傳統文化之間找到擺脫自身貧困的最佳途徑。

（二）新疆農村收入貧困和不平等現狀分析

改革開放30多年來，新疆不僅實現了持續高速的經濟增長，也實現了大規模的減貧。1978—2014年，新疆年均經濟增長速度達到了10.5%，高於全國平均水平0.7個百分點，經濟的快速增長極大地降低了新疆農村貧困。1979—2010年，新疆持續減貧841萬人；2010年以後，隨著援疆工作和民生工程的不斷推進，新疆農村減貧人數持續下降，「十二五」期間，新疆減少扶貧對象133.3萬人。這不僅是新疆社會經濟發展的重要成果，也為中國的減貧事業做出了巨大貢獻。

目前，新疆貧困人口主要集中在南疆三地州和伊犁州、塔城以及阿克蘇等集中連片地區，貧困人口主要以少數民族為主，貧困問題和民族問題交織在一起，使得新疆在新階段的減貧任務變得更加艱鉅和複雜。眾所周知，經濟增長是減貧的最大動力，長期以來，新疆實施的以經濟增長為主要手段的開發式扶貧戰略取得了良好效果。但是在新的時期，隨著新疆減貧形勢的日趨複雜，經濟增長與減貧的關係不再是簡單的正線性相關關係，而是具有了某種複雜性和不確定性；同時，既有的經濟增長模式也產生了許多深層次的矛盾亟待解決。過去時期新疆經濟增長的減貧效果如何，以及未來時期究竟採用什麼樣的經濟增長模式以實現有效減貧都是值得我們關注的問題。本研究計算2000年以來新疆農村的FGT貧困指數，並將其影響因素分解為經濟增長、收入分配和貧困線的變動，探討這三個影響因素與新疆農村貧困變動之間的內在關係。並在此基礎上尋求有效減貧的經濟增長模式，為新時期新疆農村減貧工作提供有價值的參考。

1. 數據來源與貧困線的確定

採用歷年來《新疆統計年鑒》提供的農村住戶抽樣調查，按人均純收

入分15等份的收入分組數據計算FGT貧困指數,貧困線標準採用國務院扶貧辦每年公布的農村絕對貧困線標準。

2. 新疆農村貧困和不平等現狀分析

根據前面的分析框架和計算模型,得到2000—2014年新疆農村洛倫茨曲線形式和相應的FGT指數、基尼系數,如表3-7所示。

表3-7　　　　　　農村FGT貧困指數的變動　　　　　　單位:%

年份	模型類型	貧困發生率(H)	貧困深度(PG)	貧困強度(SPG)	GINI
2000	GQ	17.17	4.61	1.67	39.16
2001	GQ	14.41	3.71	1.3	37.5
2002	GQ	13.34	3.42	1.18	38.07
2003	GQ	12.75	3.11	1.01	40.57
2004	GQ	9.57	1.96	0.54	38.23
2005	BETA	8.65	2.29	0.95	39.23
2006	BETA	8.18	2.88	1.71	40.19
2007	BETA	7.57	3.08	2.23	39.82
2008	BETA	8.17	4.43	5.26	39.35
2009	BETA	10.06	3.95	2.87	40.59
2010	BETA	9.19	5.39	6.76	44.52
2011	BETA	24.81	11.03	8.45	47.56
2012	BETA	14.71	6.87	7.35	49.2
2013	GQ	14.81	6.56	7.40	48.9
2014	BETA	15.77	9.35	9.44	45.82

從表3-7來看,2000—2014年新疆農村貧困指數(H、PG、SPG)變化均呈波浪起伏狀態。貧困發生率在2000年至2007年之間不斷下降,從2000年的17.17%下降到2007年的7.57%,下降了9.6個百分點。其中2004—2007年僅下降了2個百分點,說明這段時間雖然新疆農村貧困人口

數量不斷減少，但是減少趨勢不斷放緩；2007—2011 年新疆農村貧困規模呈上升趨勢，上升了 17.24 個百分點，其中 2010 年至 2011 年上升了 15.62 個百分點。這主要是因為中國扶貧標準從 2010 年的 1,274 元大幅提高到 2011 年的 2,300 元，這一新的扶貧標準比 2010 年提高了 80%，新疆農村貧困人口的覆蓋面也因此迅速擴大。2011 年以後，由於援疆工作的不斷深入以及針對貧困人口的民生工程的推進，貧困規模又迅速下降至 2012 年的 14.71%。從時間上來看，2000 年以來，貧困深度和貧困強度的變化趨勢十分相似，這兩個指標分別從 2000 年的 4.61% 和 1.67% 下降至 2004 年的 1.96% 和 0.54%，後又分別不斷上升至 2011 年的 11.03% 和 8.45%，2011 年以後均開始下降。新疆農村 2014 年的貧困規模與 2001 年時大致相當，但是貧困深度和貧困人口內部的不平等程度都遠高於 2001 年。

從各年份 FGT 指數的變動趨勢來看，貧困規模在 2007 年達到了自 2000 年以來的歷史最小值，貧困深度和貧困人口內部的不平等程度在 2004 年達到了歷史最小值。只有 2005—2007 年新疆農村的貧困規模緩慢下降的同時，伴隨著貧困深度和貧困強度的緩慢上升，其餘時間，新疆農村的貧困規模、深度和強度的變化方向一致，只是變動幅度不同。即當農村貧困面積擴大時，貧困的深度和貧困人口內部的不平等程度也在加深，反之亦然。以上情況說明新疆扶貧開發工作瞄準農村貧困人口的精準性有待進一步提高。

反應農村居民收入不平等程度的基尼系數從 2000 年的 39.16% 持續上升至 2012 年 49.2%，按照聯合國有關組織的劃分標準，基尼系數低於 0.2 的表示收入絕對平均，0.2~0.3 表示比較平均，0.3~0.4 表示相對合理，0.4~0.5 表示差距較大，0.6 以上表示收入差距懸殊。此外，國際上還把 0.4 作為收入分配差距的「警戒線」。表 3-7 說明由於 2000 年以來新疆農村收入分配的不斷惡化，目前農村內部不同群體之間的貧富差距已經比較顯著。

貧困與多方面的不平等緊密聯繫，包括收入、地位、性別、民族和地

理位置等。而且不平等表現在多個方面，例如就業、收入、社會服務的獲得。導致這些不平等產生的多種原因往往是相互聯繫的，並且導致發展失衡。第一，它們會加大將貧困人口和弱勢群體納入經濟增長過程的難度，不平等限制了他們的生產能力以及可能對發展的貢獻。第二，在高度不平等的社會，貧困人口更有可能單純為生計奔波。這可能會限制國內市場的規模，從而破壞持續增長的潛力。第三，高度連續的不平等可能損害民事、政治和社會權利的實現，助長犯罪率，導致社會不穩定甚至危及國家安全。第四，高度的不平等創造出了維持精英階層在政治、經濟和社會方面特權的體制，並使貧困人口落入貧困陷阱而無法脫離。

為使減貧取得持續性進展，政府需要採取有效的發展政策和再分配政策解決多方面的不平等問題，包括為貧困人口（根據性別、民族和其他相關特徵的不同）提供更多的機會獲得生產資料；對社會基礎設施進行投資，堅持財稅改革等。

3. 新疆農村貧困變動的影響因素分析

根據表 3-8，分階段來看，2000—2005 年的計算結果表明：（1）新疆農村貧困發生率、貧困深度和貧困人口內部的不平等程度均有不同程度下降。其中貧困發生率下降幅度最大（8.52%），貧困人口內部的不平等程度下降幅度最小（0.72%）。（2）經濟增長導致貧困發生率和貧困深度有不同程度下降，收入分配的惡化和貧困線的上升導致貧困發生率和貧困深度有不同程度上升。經濟增長降低 FGT 指數的積極作用超過了收入分配的惡化和貧困線的上升給減貧帶來的負面影響，從而導致這段時期貧困指數有不同程度下降。（3）經濟增長對貧困發生率的影響最大，對貧困人口內部的不平等程度影響最小；收入分配和貧困線的變動對貧困深度的影響最大，對貧困人口內部的不平等程度的影響最小。

2005—2010 年的計算結果表明：（1）這段時期，新疆農村貧困發生率、貧困深度和貧困強度均有不同程度上升，其中貧困發生率上升幅度最小（0.54%），貧困人口內部不平等程度上升幅度最大（5.81%）。（2）收

入分配的惡化和貧困線的上升對貧困發生率和貧困深度的負面影響超過了經濟增長對它們的正面影響，從而導致這段時期這兩個指標的上升。（3）經濟增長和貧困線的上升對貧困發生率的影響最大，收入分配的惡化對貧困人口內部的不平等程度影響最大。

2010—2014年的計算結果表明：（1）這段時期，新疆農村貧困發生率、貧困深度和貧困強度均有不同程度上升，其中貧困發生率上升幅度最大（5.52%），貧困強度上升幅度最小（0.59%）。（2）貧困線的上升對貧困發生率和貧困深度的負面影響超過了經濟增長和收入分配的改善對減貧的正面影響，從而導致這一時期貧困指數的上升。（2）經濟增長和貧困線的變動對貧困發生率的影響最大，對貧困深度的影響最小。

2000—2014年的計算結果表明：（1）這段時期，新疆農村貧困發生率下降2.46%，其中由於經濟增長導致貧困發生率下降46.14%，而收入分配的惡化和貧困線的上升分別導致貧困發生率上升了2.12%和41.56%，經濟增長對減貧的積極作用在很大程度上被收入分配的惡化和貧困線的上升所帶來的負面影響所抵消。（2）貧困深度增加了2.26%，其中由於經濟增長導致貧困深度下降19.6%，由於收入分配的惡化和貧困線的上升導致貧困深度分別增加4.54%和17.31%，經濟增長對減少貧困深度的積極作用小於收入分配的惡化和貧困線的上升對貧困深度的不利影響。（3）貧困人口內部的不平等程度上升了5.68%，其中由於經濟增長、收入分配的惡化導致貧困人口內部的不平等程度分別上升30.17%和4.83%，而貧困線的上升導致貧困人口內部的不平等程度下降29.35%。經濟增長和收入分配的惡化對貧困人口內部的不平等程度的負面影響超過了貧困線的上升對其的積極影響。（4）貧困線的上調導致貧困內部不平等程度下降，這一現象說明了隨著貧困線的提高，在收入分配不斷惡化的情況下，一部分低收入群體成為貧困人口後，其貧困程度比較嚴重，從而導致貧困人口內部的收入分配結構發生了變化。

從總體來看，2000年以來，經濟增長、收入分配和貧困線的變動對新

疆貧困的影響表現為以下幾個特徵：

（1）經濟增長對減少貧困發生率的效果明顯，對減少貧困深度的效果其次，對減少貧困人口內部的不平等程度效果最弱。（2）2000年以後經濟增長對降低貧困發生率作用明顯，但是隨著時間的推移，經濟增長的減貧效果在弱化。（3）經濟增長對減少農村人口的貧困嚴重程度有一定的積極作用，但是自2000年以後這種積極作用呈下降趨勢。（4）2000年以後，收入分配的惡化和貧困線的提高對減貧的負面影響不斷上升，兩者共同作用導致新疆農村經濟增長的減貧效應下降。（5）2005年以前，經濟增長改善了貧困人口內部的不平等程度；2005年以後，經濟增長增加了貧困人口內部的不平等程度，而且隨著時間的推移，這種不平等性有不斷加深的趨勢。（6）2005年以後，貧困線的上升導致貧困人口內部的不平等程度下降，說明新疆農村低收入群體一旦陷入貧困，其貧困深度和貧困強度都較為嚴重，導致貧困人口內部的不平等程度反而縮小。

表3-8　　　　2000—2014年新疆農村貧困指數的分解　　　　單位：%

	總變動	經濟增長因素	收入分配因素	貧困線變動因素
2000—2005				
ΔH	-8.52	-11.68	0.71	0.72
ΔPG	-2.32	-4.38	1.17	0.89
ΔSPG	-0.72	-1.22	-0.15	0.28
2005—2010				
ΔH	0.54	-13.28	0.85	12.96
ΔPG	3.1	-3.54	3.29	3.38
ΔSPG	5.81	0.44	5.87	-0.75
2010—2014				
ΔH	5.52	-9.48	-0.67	15.68
ΔPG	1.48	-3.4	-0.55	4.94
ΔSPG	0.59	1.14	1.99	-2.54

表3-8(續)

	總變動	經濟增長因素	收入分配因素	貧困線變動因素
2000—2014				
ΔH	-2.46	-46.14	2.12	41.56
ΔPG	2.26	-19.6	4.54	17.31
ΔSPG	5.68	30.17	4.83	-29.35

4. 結論與思考

2000年以來，新疆農村的減貧速度放緩，在某些時段貧困指數甚至提高了。這主要是由於農村收入分配的不斷惡化和貧困線的上升給減貧帶來的不利影響使得經濟增長的減貧效應大打折扣。貧困線的上調雖然提高了貧困指數，但是大量的低收入群體被納入扶貧開發範圍內並得到了關注。收入分配的惡化則使得貧困群體難以從經濟增長中獲得更多收益。

值得注意的是，2005年以來，經濟增長雖然降低了新疆農村貧困人口的規模和深度，但是加劇了貧困人口內部的不平等程度，說明過去的以經濟增長為導向的開發式扶貧戰略沒有瞄準貧困人口中的那些最貧窮群體。此外，由於貧困線的提高而被新納入貧困人口的群體貧困的嚴重程度比較高，這一點表明過去的單純以經濟增長為手段的開發式扶貧戰略在新的時期作用有限。

目前，新疆扶貧開發的主戰場轉移到南疆三地州等連片特困地區，雖然既往的貧困治理實踐累積了寶貴的經驗，但是這些連片特困地區的減貧工作有其特殊性。這就要求在未來的減貧過程中對既有的減貧模式做出相應調整，不能繼續單純以經濟增長為減貧手段，政府制定新的扶貧戰略時應注重有利於窮人的收入分配。新時期扶貧開發工作應從強調經濟增長轉向把經濟增長和對新疆農村貧困人口有利的收入分配結合在一起，實施有利於窮人的經濟增長戰略，提高貧困人口參與經濟增長過程的能力，使他們從經濟增長中真正獲益。

三、新疆非收入貧困和不平等現狀分析

(一) 新疆教育貧困和不平等現狀分析

所謂的教育貧困,是指由於區域性群體和個體的教育受到各種條件限制,造成受教育水平不足而產生的貧困。沈亞芳等(2011)將教育貧困分成三個類型:(1)制度性貧困,即由於社會制度,如教育公共資源分配制度、入學制度等所決定的教育資源在不同區域、不同群體和個人之間的不平等分配造成的貧困;(2)區域性貧困,是指在相同的制度背景下,由於區域經濟發展差異造成的貧困;(3)階層性貧困,是指在相同的制度背景下,在大約同質的空間區域內,某些群體、家庭和個人,由於收入較差、自身文化程度較低等原因,造成競爭有限的教育資源的能力較低,從而處於貧困狀態。

從宏觀角度上來說,經濟貧困和教育貧困緊密相關。人力資本差異或者說教育貧困影響經濟增長和收入分配的方式,非均衡的經濟增長和收入分配造成教育的區域性貧困和階層性貧困。

本研究將沒有接受過教育的人口視為教育貧困人口。改革開放以來,隨著新疆社會經濟的不斷發展,對教育的投入不斷增加,九年義務教育和高等教育取得很大發展,目前新疆受教育的人口占6歲以上人口的比重達到了96.82%,未上過學的人口占3.18%。新疆的教育貧困地區主要是農村。從實際情況來看,教育貧困在城鄉之間、農村內部、不同階層之間廣泛存在。

城鄉之間、區域之間經濟發展的不均衡導致教育機會的不均等,這是新疆教育發展過程中的重要特徵之一。中國城鄉二元經濟的分割、城鄉戶籍制度的分割導致了新疆城鄉教育差距的擴大。此外,人力資本、社會經濟發展條件、社會資本等也是導致區域之間和不同階層之間教育不平等的

重要影響因素。

從新疆教育投入情況來看，新疆的國家財政性教育經費投入占新疆地區生產總值的比例逐年增長，連續高於全國平均水平。2014年新疆地區生產總值為9,273.46億元，新疆的國家財政性教育投入為548億元，教育投入占新疆地區生產總值比重為5.91%，而同期全國平均水平為4.15%。新疆的國家財政性教育經費投入占地區生產總值的比例高於全國平均水平，主要是新疆地區生產總值水平低，數額小，相對來說教育投入比例就高。但是從絕對量來說，相對於發達地區，新疆教育投入總量並不高。2014年，新疆公共財政教育支出僅是廣東的31%。另外，新疆地處西部邊陲，作為一個多民族聚居區，需要推進雙語教育，要提高義務教育辦學水平、辦學條件和教育師資隊伍建設以及完善學生資助體系等，更需要加大扶持力度。因此，新疆教育經費的需求比其他省份要多。

從新疆教育經費投入的構成情況可以看出，新疆教育投入的基本特點是：國家財政性教育經費占主要地位，且呈上升趨勢；其次為學費和雜費投入，且總體呈下降趨勢；然後是其他教育經費投入總體比例不高，且變化趨勢不定。社會團體和公民個人辦學經費、社會捐資辦學經費來源更是匱乏，兩者合計不到1%。可見，新疆教育經費來源的渠道嚴重匱乏。

根據第六次全國人口普查數據，全疆文盲人口（15歲及以上不識字的人）為515,789人，文盲率為2.36%。其中南疆西南少數民族區域的文盲、半文盲人口占全疆總人口的36.08%，是全疆文盲、半文盲人口最多的區域。主要原因是由於區位條件、資源禀賦以及經濟發展基礎的不同，導致南北疆經濟發展水平存在巨大的差異，區域經濟發展不協調的矛盾也日漸突出，進而導致人口素質差異明顯。

從新疆不同區域受教育程度的差異來看（見表3-9），根據全國第六次人口普查數據，2010年，南疆地區各類受教育程度的人口占其6歲及以上人口的96.62%，比2000年提高了8.08個百分點；未上過學的占3.38%。北疆地區各類受教育程度的人口占其6歲及以上人口的97.08%，比2000

年提高了 4.04 個百分點；未上過學的占 2.92%。2010 年南疆地區大專以上學歷的人口為 6.83%，而北疆地區為 15.87%。與全疆平均水平（11.6%）相比，南疆地區高文化素質人口低於全疆平均水平，而北疆地區高文化素質人口高於全疆平均水平。北疆地區的地州中，烏魯木齊市、克拉瑪依市、昌吉回族自治州和博爾塔拉蒙古自治州受相對高層次教育（大專及以上）程度的比重高於新疆全區及南北疆的平均水平，尤其烏魯木齊市、克拉瑪依市、石河子市，該比重分別達到了 26.15%、23.16% 和 22.13%；伊犁州直屬縣（市）、阿勒泰和塔城地區的比重低於新疆全區的平均水平。南疆地區地州大專以上學歷的人口中，僅有巴音郭楞蒙古自治州達到 12.57%，超過了全疆平均水平，其他南疆地區均未超過全疆平均水平。

表 3-9　　　　　新疆全區、南北疆以及各地州 6 歲及
以上人口受教育程度構成情況（2010 年）　單位：萬人,%

地區	受教育程度人口占 6 歲及以上人口比重	研究生	本科	大專	高中	初中	小學	未上過學
全疆	96.82	0.19	3.77	7.64	12.75	39.6	32.87	3.18
南疆地區	96.62	0.04	1.7	5.09	7.54	43	39.25	3.38
巴音郭楞州	97.74	0.12	3.52	8.93	15.99	39.11	30.07	2.26
阿克蘇地區	96.73	0.03	1.66	5.44	7.74	43.57	38.29	3.27
克孜勒蘇州	97.86	0.04	2.31	7.66	9.35	34.08	44.42	2.14
喀什地區	95.87	0.03	1.46	3.83	6.13	45.34	39.08	4.13
和田地區	96.93	0.02	0.87	3.94	4.02	42.6	45.48	3.07
其他地區	94.48	0.24	5.57	5.52	9.46	38.8	34.89	5.52
北疆地區	97.08	0.33	5.57	9.97	17.2	36.8	27.22	2.92
烏魯木齊市	97.37	0.84	10.74	14.57	21.37	30.4	19.45	2.63
克拉瑪依市	97.49	0.37	8.64	14.15	22.45	32.61	19.27	2.51
石河子市	95.52	0.86	9.15	12.12	21.44	32.07	19.88	4.48
昌吉州	96.19	0.11	3.69	8.14	15.72	39.54	28.99	3.81

表3-9(續)

地區	受教育程度人口占6歲及以上人口比重	其中：各類受教育程度比重						未上過學
		研究生	本科	大專	高中	初中	小學	
伊犁州直屬縣（市）	97.34	0.06	2.33	6.82	14.46	38.62	35.35	2.66
塔城地區	96.47	0.04	2	6.5	14.09	44.4	29.44	3.53
阿勒泰地區	98.38	0.04	3.01	8.08	14.24	43.44	29.57	1.62
博爾塔拉州	96.13	0.05	3.22	8.87	15.23	38.75	30.01	3.87
其他地區	94.09	0.29	6.15	8.71	17.93	39.8	21.21	5.91

資料來源：第六次全國人口普查資料

從新疆扶貧開發工作地區戶均勞動力受教育程度來看（見表3-10），2006—2010年，新疆扶貧開發重點縣和南疆三地州的文盲和半文盲有所上升，重點縣高中及以上學歷有所下降，而南疆三地州有所上升；2010—2014年，新疆扶貧開發重點縣和南疆三地州的文盲和半文盲、高中及以上學歷均有不同程度下降。總的來看，2006—2014年，新疆扶貧開發重點縣和南疆三地州的戶均勞動力受教育程度沒有得到較大幅度的提升。

表3-10　　　　　　2006—2014年新疆扶貧開發
工作地區戶均勞動力受教育程度　　　　單位：人

受教育程度	2006		2010		2014	
	重點縣	南疆三地州	重點縣	南疆三地州	重點縣	南疆三地州
文盲、半文盲	0.07	0.1	0.17	0.23	0.08	0.10
小學	0.4	0.44	1.14	1.26	0.88	0.99
初中	0.43	0.41	1.5	1.5	1.71	1.74
高中及以上	0.53	0.05	0.39	0.28	0.22	0.16
其中：高中	0.07	0.04	0.29	0.21	0.14	0.11
中專	0.02	0.01	0.07	0.05	0.04	0.03
大專及以上	0.01	—	0.03	0.02	0.03	0.02

資料來源：《新疆調查年鑒》（2007—2015）

（二）新疆健康貧困和不平等現狀分析

20 世紀 80 年代初，伴隨著經濟體制改革的進行，中國衛生事業費從主要由國家承擔改為主要由地方政府自行負擔。隨著市場經濟的不斷深入，中國財政體制和醫療衛生體制的改革也先後啓動，這些改革的一個基本特徵是，衛生資源的配置出現了高度的商業化和市場化傾向。伴隨著這一過程，政府衛生支出在 GDP 中所占的比重長期保持在很低水平，在很長時間內甚至下降；同時，社會衛生資源投入也在下降。在衛生總費用中，政府和社會的衛生投入所占比重偏低，意味著衛生費用多由個人直接負擔。在二元經濟體制下，衛生資源配置「重城輕鄉」的政策導致城鄉醫療服務體系非均等化發展，產生了巨大的城鄉差異和地區差異，導致醫療服務可及性不平等。

根據全國第六次人口普查數據，2010 年新疆平均預期壽命為 72.35 歲，比 2000 年的 67.41 歲提高了 4.94 歲。但與全國相比較，新疆的平均預期壽命低了 2.48 歲。新疆人口平均預期壽命偏低包含兩方面原因：一方面，新疆社會經濟條件、衛生醫療水平限制著人們的壽命；另一方面，由於新疆人口自身的體質、遺傳因素與生活條件等差異，導致壽命長短與其他地區存在差異。所以不同的社會環境、不同的時期，壽命的長短有著很大的差別。

從嬰兒死亡率來看，根據全國第六次人口普查數據，2010 年新疆嬰兒死亡率為 26.58‰，高出全國水平近 11 個千分點；5 歲以下兒童死亡率為 31.95‰，較全國的 18.4‰高出近 14 個千分點。由此可見新疆兒童保健工作亟須提高。2010 年新疆分地區嬰兒死亡率及 5 歲以下兒童死亡率所占比重較高的地區為和田、喀什、克孜勒蘇柯爾克孜自治州、伊犁哈薩克自治州及吐魯番地區，嬰兒死亡率處於 16.61‰~25.29‰之間；而 5 歲以下兒童死亡率最高的是克孜勒蘇柯爾克孜自治州，達到 31.47‰。早產及低出生體重、肺炎、出生窒息、先天性心臟病仍是 5 歲以下兒童的主要死因。

從衛生人員數量來看，新疆衛生人員數由1978年的66,252人上升至2014年的153,417人，年均增長2.4%，其增長速度快於全國同期水平（0.4%）。在改革開放初期，新疆衛生人員數占全國衛生人員數的比重僅為0.84%；此後呈現不斷上升趨勢，在2003年所占比重已經接近2%；2003年以後又緩慢下降，2014年為1.7%。這說明近幾年，新疆相對擁有的衛生資源在減少。

從衛生總費用占新疆地區生產總值的比重來看，2000—2008年，該指標在4.6%左右波動；2008年以後總體呈上升趨勢，但是上升幅度很小；2008—2014年僅上升了約0.7個百分點，說明政府對公共衛生和醫療服務的投入有待進一步提高。雖然新疆人均衛生機構床位數逐年上升，每萬人擁有的醫院、衛生院床位數從1978年的32張上升到2014年的62張，但是衛生機構分配不均情況仍然比較嚴重。2014年，醫院、衛生院占95%，社區服務中心占2.4%，其他衛生機構占2.6%。

從城鄉衛生資源的分布來看，在醫院床位和專業技術人員的分布上，城市數量明顯多於鄉鎮。以2000—2012年的發展情況為例。2000年，新疆市、縣醫院床位數差距並不是太大，市和縣的醫院床位數之比為1∶1.4；2012年，兩者之比擴大到1∶2.1，鄉鎮醫院床位數發展速度明顯慢於城市。2000—2012年，縣的專業衛生技術人員、執業醫師、執業助理醫師、註冊護士數不升反降；2012年，縣的執業醫師、執業助理醫師數僅為2000年的61%，專業衛生技術人員數僅為2000年的78%。這說明雖然新疆公共衛生事業不斷改善和發展，但城鄉衛生資源配置不均等趨勢加劇。

從不同地區衛生資源的分布狀況來看（見表3-11），2014年，每萬人擁有的衛生技術人員、醫生數及每萬人公共衛生機構床位數存在著較大的地區差異，情況最好的是烏魯木齊市，最差的是喀什地區和和田地區。和田地區每萬人擁有的醫生數和衛生技術人員數僅為烏魯木齊的24.2%和28.3%，每萬人擁有的床位數為烏魯木齊的53.2%。從整體來看，北疆地區情況好於東疆，東疆情況好於南疆地區。從總體來看，新疆整體公共衛

生與醫療服務的效率仍然不高,公共衛生與醫療服務的體系仍很欠缺,尤其是南北疆發展不均衡,導致部分南疆地區特別是貧困縣公共衛生和醫療服務的資源投入較少,與像烏魯木齊市這樣的相對發達城市相比差距太大,城市和鄉村發展不均衡現象較為嚴重。

表 3-11　2014 年新疆各地區每萬人擁有的衛生服務資源

地區	每萬人擁有的醫生數（人）	每萬人擁有的床位數（張）	每萬人擁有的衛生技術人員數（人）
烏魯木齊市	50.16	107.76	131.82
克拉瑪依市	40.70	60.14	106.15
吐魯番地區	22.37	48.69	58.63
哈密地區	31.74	61.06	83.89
昌吉回族自治州	29.87	69.67	82.49
伊犁州直屬縣（市）	21.75	55.80	59.27
塔城地區	23.25	52.40	66.88
阿勒泰地區	27.80	55.84	71.69
博爾塔拉蒙古自治州	30.15	62.06	76.80
巴音郭楞蒙古自治州	27.34	65.78	77.41
阿克蘇地區	13.64	54.14	42.24
克孜勒蘇柯爾克孜自治州	20.09	54.66	60.68
喀什地區	12.78	46.06	41.53
和田地區	12.14	57.38	37.37

資料來源:《新疆統計年鑒》(2015)

以新疆扶貧開發工作地區農戶身體健康狀況變動情況為例(見表 3-12),2006—2010 年,新疆扶貧開發工作重點縣身體殘疾、患有大病、長期慢性病、體弱多病的農戶所占比重均有不同程度的下降趨勢,而南疆三地州則有不同程度上升;四年來,這兩個區域健康人口所占比重均上升了大約一個百分點;對於有病是否能及時就醫,扶貧開發重點縣和南疆三地州農戶回答「是」的人口所占比重都有較大幅度上升;對於不能及時就醫

的主要原因構成，扶貧開發重點縣農戶回答經濟困難、沒有時間、本人不重視的人口所占比重均有不同程度上升，而對於南疆三地州的農戶，經濟困難是他們不能及時就醫的重要原因。2010—2014 年，扶貧開發重點縣和南疆三地州農戶殘疾、體弱多病的人口均有上升趨勢，扶貧開發重點縣的健康人口從 2010 年的 94.50%下降到 2014 年的 90.56%，南疆三地州的健康人口從 2010 年的 95.6%下降到 2014 年的 89.42%，下降幅度較大；這兩個區域不能及時就醫的農戶所占比重均有不同程度上升；重點縣和南疆三地州農戶認為不能及時就醫的主要原因是「醫院太遠」的從 2010 年的 4.40%和 2.90%上升到 2014 年的 28.17%和 43.35%。從上述分析可知，2010 年以後，新疆扶貧開發重點縣和南疆三地州的農戶身體健康狀況呈下降趨勢，情況並不理想。

表 3-12　2006—2014 年新疆扶貧開發工作地區農戶身體健康狀況變動情況

	2006 重點縣	2006 南疆三地州	2010 重點縣	2010 南疆三地州	2014 重點縣	2014 南疆三地州
身體健康狀況構成（%）	100.00	100.00	100.00	100.00	100.00	100.00
殘疾	1.33	1.16	1.00	0.70	5.76	7.74
患有大病	0.65	0.66	0.60	0.60	0.13	0.14
長期慢性病	2.14	2.17	1.80	1.20	0.28	0.34
體弱多病	2.36	2.01	2.10	1.90	3.27	2.35
健康	93.52	94.00	94.50	95.60	90.56	89.42
有病是否能及時就醫的比例（%）	100.00	100.00	100.00	100.00	100.00	100.00
是	83.21	84.75	91.10	95.60	86.61	92.12
否	16.79	15.25	8.90	4.40	13.39	7.88
不能及時就醫的主要原因構成（%）	100.00	100.00	100.00	100.00	100.00	100.00
經濟困難	90.56	90.92	91.90	95.70	65.97	44.04
醫院太遠	5.55	5.17	4.40	2.90	28.17	43.35

表3-12(續)

	2006		2010		2014	
	重點縣	南疆三地州	重點縣	南疆三地州	重點縣	南疆三地州
沒有時間	0.17	—	0.30	—	0.20	0.46
本人不重視	0.58	—	1.10	—	0.50	1.15
小病不用醫	2.13	3.49	0.40	0.50	2.08	4.82
其他	1.01	0.42	1.90	0.90	3.08	6.18

資料來源:《新疆調查年鑒》(2007—2015)

四、新疆多維貧困現狀分析——以新疆南疆三地州為例

20世紀80年代中期以來,中國實施了有針對性的扶貧開發政策,扶貧工作取得了重大成效。但是由於區域發展的不平衡,貧困人口逐漸向少數民族地區集中,使得少數民族區域貧困狀況十分突出。2011年《中國農村扶貧開發綱要(2011—2020)》確定的14個集中連片特困地區中有11個是少數民族地區。目前,少數民族連片特困地區的貧困主要表現在貧困面積大、程度深,貧困多元化,嚴重影響了社會的穩定和諧。因此,如何測定少數民族連片特困地區多維貧困的程度,並探尋消除多維貧困的舉措,成為當前社會各界普遍關注的熱點問題。

早在20世紀60年代,人們就已經意識到貧困是一個多維的概念。Morris(1980)提出的物質生活質量指數就體現了多維貧困的思想。Sen(1999)把能力方法納入貧困分析框架,創建了能力貧困理論。該理論認為貧困的根源就是個人能力的匱乏,作為一個社會人,應該獲得足夠的營養、基本的醫療條件、住房條件和一定的受教育機會等;如果缺少這些功能或者其中的一項功能,那就意味著處於一種貧困狀態。該研究使得多維貧困研究有了開拓性進展,此後多維貧困測度和分析成為貧困問題研究的熱點。國內外學者和研究機構主要集中研究發展中國家或地區的多維貧困,分析

對象覆蓋了亞洲、非洲、拉丁美洲等世界不同區域。國內學者一般從反應人口社會經濟特徵的健康、教育、資產、生活質量等多個維度出發，基於能力貧困理論，利用 Alkire 和 Foster（2008）提出的 A-F 法測度中國和中西部地區城鄉家庭的多維貧困狀況。比較有代表性的如王小林和 Alkire（2009）從住房、飲用水、衛生設施、用電、資產、土地、教育和健康保險 8 個維度，對中國城市和農村家庭多維貧困進行了測算。結果表明，中國城市和農村的貧困狀況遠高於國家統計局以收入為標準測量的貧困發生率，衛生設施、健康保險和教育對多維貧困指數貢獻最大。部分學者將能力貧困理論用於少數民族連片特困地區多維貧困研究中。楊龍等（2014）對西藏的研究發現，農牧民的成人平均受教育程度、資產、安全飲用水、公共服務等表現出較為嚴重的貧困狀態，不同地區的貧困家庭的各貧困維度對多維貧困指數的貢獻率差異較大。譚銀清等（2015）認為武陵山區農戶總體多維貧困程度嚴重，對多維貧困指數貢獻最大的依次是衛生設施、燃料和住房。然而，已有的研究很少涉及對新疆南疆三地州多維貧困的分析。為全面瞭解少數民族連片特困地區多維貧困的狀況，本研究以新疆南疆三地州農戶調查數據為基礎，分析農戶多維貧困的程度和特徵，探析其貧困原因，為新時期少數民族連片特困地區扶貧政策的制定提供決策依據。

（一）研究方法

1. 研究區概況

南疆三地州（喀什地區、和田地區、克孜勒蘇柯爾克孜自治州）位於塔克拉瑪干沙漠的西南端，大部分地域是戈壁、沙漠和山地，占全疆總面積的 29%，周圍分別與印度、巴基斯坦、阿富汗、塔吉克斯坦、吉爾吉斯斯坦等五國接壤。該區域以維吾爾族為主體（占該地區總人口 90.37%，全國第六次人口普查資料），地理環境封閉，自然生態環境惡劣，社會經濟發展滯後，民族宗教問題複雜。2013 年該區域所轄 24 個縣及縣級市的扶貧開發工作重點村占全疆扶貧村總數的 77%，扶貧對象占全疆農村扶貧對象的

76%（新疆維吾爾自治區扶貧辦，2014），是中國14個連片特困地區之一。

2. 數據來源

本研究團隊於2014年1—3月在喀什、和田、克孜勒蘇柯爾克孜自治州開展了農戶調查，調查區域覆蓋南疆三地州的18個縣市，占南疆三地州所有縣市的75%。調查內容主要包括家庭成員基本結構、家庭收入、家庭資產、受教育程度、身體健康狀況、飲用水來源、衛生設施、通電情況、房屋結構類型、做飯燃料等10個方面的信息。共發放調查問卷1,200份，回收1,200份，其中有效問卷1,191份，有效率99.25%。

3. 分析方法

A-F法是目前應用最為成熟廣泛的多維貧困測度方法，其步驟為：

（1）各維度的取值。通過家計調查獲得n個家庭在d個維度上的取值，得到樣本觀測矩陣X：

$$X = \begin{bmatrix} x_{11} & x_{12} & \cdots & x_{1d} \\ x_{21} & x_{22} & \cdots & x_{2d} \\ \cdots & \cdots & \cdots & \cdots \\ x_{n1} & x_{n2} & \cdots & x_{nd} \end{bmatrix} \quad (3.1)$$

式（3.1）中，x_{ij}表示個體或家庭i在維度j上的取值，$i=1, 2, \cdots, n$；$j=1, 2, \cdots, d$。行向量$(x_{i1}, x_{i2}, \cdots, x_{id})$表示個體或家庭$i$在所有維度上的取值，列向量$(x_{1j}, x_{2j}, \cdots, x_{nj})$表示$j$維度上不同個體或家庭的取值分布。

（2）貧困的識別。對每個維度設定一個貧困標準z_j（$z_j>0$），由X矩陣可設計出元素均為0或1的貧困剝奪矩陣g^0，具體設定如下：

$$g^0_{ij} = \begin{cases} 1, & x_{ij} < z_j \\ 0, & x_{ij} \geqslant z_j \end{cases} \quad (3.2)$$

式（3.2）中，$g^0 = (g^0_{ij})$表示貧困剝奪矩陣，x_{ij}是X矩陣中的元素，z_j表示第j個維度的貧困線或被剝奪的臨界值，元素1表示為貧困，元素為

0 表示非貧困。把元素設計為 1 或 0 主要是方便後面的計算。

（3）多個維度被剝奪的識別。上述剝奪矩陣 g^0 中的元素代表了每個家庭或個人在各個維度上是否存在剝奪，這是一種單維的方法。多維貧困主要考慮在多個維度下，該個體是否貧困。令 p_k 為考慮 k 個維度時識別窮人的函數，則多個維度被剝奪的識別公式為：

$$p_k(x_i, z) = \begin{cases} 1, & c_i \geq k \\ 0, & c_i < k \end{cases} \tag{3.3}$$

式（3.3）中，c_i 表示每個個體或家庭被剝奪的總維度數，k 表示貧困的維度數，$k=(1,2,\cdots,d)$。元素 1 表示當個體或家庭 i 被剝奪的總維度數 c_i 大於等於 k 時，p_k 定義個體或家庭 i 為貧困；元素 0 表示當個體或家庭 i 被剝奪的總維度數 c_i 小於 k 時，p_k 定義個體或家庭 i 在維度 k 下為非貧困。

（4）貧困的加總。最簡單的加總方法是計算多維貧困發生率（H）：

$$H = q/n \tag{3.4}$$

式（3.4）中，q 表示同時存在 k 個維度貧困的人口或家庭數，n 為總人口或家庭數。

由於該方法對貧困的深度和強度不敏感，Alkire 和 Foster（2007）對該公式修正，得到了新的多維貧困測度方法：

$$MPI = HA = H \frac{|c_i(k)|}{qd} \tag{3.5}$$

式（3.5）中，MPI 為調整後的多維貧困指數，H 是多維貧困發生率，A 為平均剝奪份額，$c_i(k)$ 表示在 k 個維度下界定為貧困的第 i 個個體或家庭被剝奪維度數的總和，d 表示最大維度數。

（5）貧困分解。多維貧困指數 MPI 可以按照時間、地區、維度等不同組別進行分解。通過貧困分解，可以計算出分組元素對多維貧困的貢獻率。若按維度分解，則各維度貢獻率為：

$$G_j = w_j CH_j / MPI \tag{3.6}$$

式（3.6）中，G_j表示第j個維度的貢獻率，w_j表示第j個維度的權重，CH_j表示第j個維度被剝奪的人口占總人口的比重。

4. 指標選擇

計算多維貧困指數需要確定貧困的維度、具體指標及其權重。現有的相關文獻在此方面的設置往往由於研究的社會經濟發展環境不同而有所不同，沒有一個統一的標準。本研究在已有的研究基礎上，結合南疆三地州的實際情況，選取收入、教育、健康、生活質量4個方面共9個指標構建多維貧困識別指標體系，其中收入、健康、教育方面各一個指標，生活質量下有6個指標，各指標及其貧困界定標準具體見表3-13。本書對指標體系中各維度和具體指標權重的確定沿用聯合國公布的多維貧困指數計算中所使用的等權重法，即收入、健康、教育和生活質量領域的權重各為1/4；收入、健康、教育方面各有1個指標，每個指標權重各為1/4；生活質量方面有6個指標，每個指標權重各為1/24。

表3-13　　　　　　　多維貧困指標及其貧困認定標準

領域	維度	貧困認定標準
收入	年人均純收入	年人均純收入低於當年全國農村貧困線
教育	受教育年限	任意家庭成員是小學及以下學歷
健康	自評健康狀況	家庭中任意成員身體差
生活質量	通電情況	家中不通電或經常停電
	衛生設施	不能使用室內室外衝水廁所和干式廁所
	飲用水情況	飲用水源是未經處理的自來水和井水、小溪水、河水、湖泊水等或飲水困難
	做飯燃料	家庭不能使用電、液化氣、天然氣、沼氣作為生活燃料
	家庭資產	擁有的生活耐用品、交通工具、家用電器數量小於2
	住房結構	住房結構是「土坯」房

(二) 結果與分析

1. 單維度貧困分析

調研數據整理結果表明（見表3-14），2013年被調查對象年人均純收入4,182元，相當於當年全疆農村居民家庭人均純收入（7,296元）的57.3%；被調查的貧困戶年人均純收入1,480元，貧困發生率為38.5%，遠高於2012年全疆農村貧困發生率14.7%。這說明新疆南疆三地州調查區域內收入貧困覆蓋面積廣，貧困現象嚴重。

把受教育年限在6年及以下的16~65歲人口視為教育貧困人口。按照這一標準，研究區域有58.25%的人處於教育貧困狀態。調研中發現，南疆三地州農村中小學輟學的現象仍然十分普遍，主要有以下幾個原因：教育基礎設施差、教師隊伍素質低；家中經濟困難，無力供孩子繼續求學；南疆三地州每個鄉只有一個初中，沒有高中，去縣裡上學路途遙遠，交通非常不方便，這是農村孩子只上到初中就不願意再繼續求學的一個重要原因。自2013年南疆三地州開始實施高中階段免費義務教育後，雖然政府要求學生初中畢業後不論學習好壞，必須到高中或中等職業學校繼續求學，但是實施效果還是很不理想，學生中途輟學的現象比較普遍，相關部門不得不花費大量的時間和精力做思想工作勸其重新回到學校完成學業。學生初中畢業後不願意繼續求學，除了前述原因外，也與學生及其家長的落後思想觀念有關。他們還沒有充分認識到知識改變命運的重要性，認為繼續求學的話畢業後也找不到工作，還不如早早出來打工掙錢。

調研區域有18.25%的人是健康貧困人口，這部分群體因為患有大病、慢性病或體弱多病等而勞動困難，擺脫貧困的難度很大。由於南疆三地州貧困地區的許多農村沒有像樣的衛生室，村民去縣上看病必須花費更多的時間和交通費用，更支付不起住院報銷所必須自付的門檻費和共付比例所規定的醫藥費，村民有病一般都是拖著。雖然該區域新農合參保率達到了100%，新型農村養老保險也全面推開，但是在具體實施過程中遇到不少困

難。如新型農村養老保險要求16~59歲的人群繳納，每年100元。村民普遍認為自己身體健康，繳款不劃算，每年繳款時自願繳納保險金的村民不到10%，村主任不得不先用村集體款項墊付，然後再逐家逐戶催繳，在催繳過程中爭吵時有發生。

調查區域絕大多數的農村都通電，但是一些偏遠農村缺電現象十分嚴重，由於經常斷電，日常照明主要依靠蠟燭和煤油燈，給生產和生活帶來很大不便。本研究把不通電或經常斷電視為用電貧困。調查區域用電的貧困發生率為7.37%。

聯合國把不安全的衛生設施看作是損害健康的重要因素，按照聯合國標準，家中使用衝水廁所或干式廁所才算擺脫了貧困。調查結果顯示，南疆三地州絕大多數農牧民家庭在此方面沒有擺脫貧困，在衛生設施上的貧困發生率達到了90.41%。

由於南疆三地州基本屬於干旱、極干旱地區，年均降水量不足80毫米，年均蒸發量在2,300毫米以上，春季缺水、夏季洪澇、秋季干潤，土壤鹽漬化程度高，生產和生活用水匱乏問題十分突出。在接受調查的農村居民家庭中，日常生活中飲用未經過處理的自來水、井水、小溪水、泉水、河水、湖泊水等或經常斷水的家庭達到了83.86%。

按照聯合國規定，做飯時如果不能使用清潔能源（天然氣、沼氣、液化氣），就視為該維度的貧困。南疆三地州的農村地區做飯使用的燃料基本是原煤、柴草等，使用這種傳統的做飯燃料不僅對人的身體健康產生不利影響，而且對環境的破壞也十分嚴重。調查結果顯示，南疆三地州不能以電、液化氣、天然氣、沼氣等清潔能源為生活燃料的農戶家庭占90.16%。

家庭資產表明了一個家庭在多年的收入累積和消費後的財富狀況，能夠反應該家庭擺脫貧困的能力。本研究分析資產維度時，把擁有的生活耐用品、交通工具、家用電器數量小於2項的家庭視為資產貧困家庭。2013年，南疆三地州資產貧困家庭占到了7.12%。

在農村地區，住房結構反應了一個家庭的生活水平和所處的社會狀態。

根據新疆農村住房的實際情況,把住房結構是「土坯房」的農戶家庭視為住房貧困家庭。2013年,南疆三地州農村家庭住房為土坯結構的占50.64%。新疆從2010年開始實施富民安居工程,以期通過政府補助和農民自建的方式改善農村的住房條件,這一措施在很大程度上緩解了農村的住房貧困,受到村民的普遍歡迎。但是由於政府提供的補助有限(每家補助24,000元的建築材料),貧困地區農牧民貸款蓋新房的現象十分普遍,這無疑加重了家中的經濟負擔。還有一部分經濟條件很差的農牧民甚至蓋不起新房,因此農戶們都希望政府在此方面增加補助。

調查區域單維貧困狀況按照貧困發生率大小排序結果為:衛生設施>做飯燃料>飲用水情況>受教育年限>住房結構>年人均純收入>健康狀況>通電情況>家庭資產。做飯燃料、衛生設施、住房條件、飲用水、受教育年限等的貧困發生率均高於收入貧困發生率。非收入維度貧困測度結果與收入貧困測度結果差異較大,說明單維的收入貧困不能全面涵蓋南疆三地州貧困的真正內涵。

表3-14　　　　　研究區域內各維度貧困發生率

領域	維度	貧困發生率(%)
收入	年人均純收入	38.5
教育	受教育年限	58.25
健康	自評健康狀況	18.25
生活質量	通電情況	7.37
	衛生設施	90.41
	飲用水情況	83.86
	做飯燃料	90.16
	家庭資產	7.12
	住房結構	50.64

2. 多維貧困分析

對南疆三地州多維貧困的計算結果表明（見表3-15），有98.5%的家庭至少在一個維度上存在貧困，有94.4%的人至少在兩個維度上存在貧困，有89.1%的農戶至少在三個維度上存在貧困，有72.4%的農戶至少在四個維度上存在貧困，遠遠高於按收入指標計算的收入貧困發生率（38.5%）。在七個及以上維度上存在貧困的農戶十分少見，在9個維度上都存在貧困的農戶並不存在。這說明南疆三地州農村貧困具有類型多樣化、面積廣的特點，並且不同貧困類型彼此交叉融合，眾多農戶家庭不僅存在收入貧困，還存在其他多個維度的貧困。

如果一個農戶家庭在9個維度中的任意k個及以上維度同時存在貧困，就定義該家庭是k維貧困的。由於按人頭計算的多維貧困發生率對多維貧困的分布和剝奪的深度不敏感。A-F法利用貧困的剝奪份額（貧困強度）A調整多維貧困發生率，得到多維貧困指數MPI，克服了多維貧困發生率的缺陷。下面比較$k=1$、$k=3$時的貧困發生率、貧困的剝奪份額（貧困強度）、多維貧困指數（見表3-15）。$k=3$時，以人頭指數為基礎的貧困發生率與$k=1$時相比下降了將近10個百分點，貧困強度增加了3.4個百分點，但是反應貧困嚴重程度的多維貧困指數僅下降了不到1個百分點。也就是說，隨著貧困維度從一維增加到三維，多維貧困的覆蓋面有了較大幅度的下降，貧困強度有所增加，貧困的嚴重程度幾乎沒有變化。因此僅以人頭指數為基礎的多維貧困發生率並不能全面反應一個地區農戶被剝奪的嚴重程度，有必要結合多維貧困指數MPI進行分析。

一般情況下，UNDP把存在1/3以上維度貧困的農戶定義為貧困戶。因此本研究沿用此標準把$k=3$設定為南疆三地州多維貧困的貧困臨界值。也就是說，當一個農戶家庭在3個及以上維度上存在貧困時，就認為該農戶家庭存在多維貧困。計算結果表明，當$k=3$時，調查區域的多維貧困發生率為89.1%，平均被剝奪程度A為44.7%，多維貧困指數為39.8%，說明該區域多維貧困比收入貧困還要嚴重。現階段，南疆三地州要提升扶貧

開發效率，就必須根據實際情況，從不同維度出發展開精細化、專門化的扶貧工作，有針對性地解決不同類型的貧困問題。

隨著k的不斷增加，調查區域的多維貧困發生率及多維貧困指數（MPI）不斷下降，平均被剝奪程度（A）不斷增加。說明隨著貧困維度的不斷增加，多維貧困人口的數量在不斷減少，貧困程度也隨之下降，但是貧困強度在不斷上升。在多個維度上都處於貧困狀況的人口擺脫貧困的能力更差，更容易陷入「貧困陷阱」。

表3-15　　　　　　　研究區域多維貧困測算結果（%）

k	多維貧困發生率	平均被剝奪程度	多維貧困指數
1	98.5	41.3	40.7
2	94.4	42.9	40.5
3	89.1	44.7	39.8
4	72.4	50.5	36.6
5	48.4	58.6	28.3
6	24.7	70.1	17.3
7	7.5	83.8	6.3
8	1.4	89.3	1.3
9	0	—	—

3. 多維貧困各維度的貢獻度分析

下面以貧困臨界值k=3對多維貧困指數進行分解，研究不同指標對多維貧困指數的貢獻度，進而剖析南疆三地州的致貧原因。計算結果表明（見表3-16），教育指標對貧困的貢獻程度最大，達到了35.73%。這說明南疆三地州農戶家庭在教育方面普遍存在較為嚴重的貧困現象，並成為農戶在多個維度上致貧的最重要的原因。教育是提高個人自我發展能力和擺脫貧困的必要條件。南疆三地州農村以維吾爾族人口為主，在教育方面，貧困戶表現出某些一致性的鮮明特點，即成年人受教育程度普遍偏低，絕

大多數不會說漢語，人力資本方面存在明顯劣勢，就業渠道十分有限，加上受傳統的宗教文化習俗和思想觀念的影響，他們寧可苦熬受窮，坐等國家救濟，也不願意外出打工，嚴重影響了個人及其家庭的長遠發展。

收入和健康維度對多維貧困的貢獻率分別達到了19.37%和11.19%，說明這兩個維度對南疆三地州農戶多維貧困也產生著重要的影響。做飯燃料、衛生設施、住房結構、飲用水情況對多維貧困的貢獻度分別為9.22%、9.24%、5.18%、8.57%，是致貧的次要因素。通電情況和家庭資產的貢獻度合計1.24%，對多維貧困的影響不大。

教育、收入、健康貧困共同構成了南疆三地州多維貧困的主要來源。調研中發現，雖然該區域收入貧困家庭和非收入貧困家庭不完全一致，但是非收入貧困的發生和收入貧困的發生更多地表現為雙向因果關係，即收入貧困人口在獲得健康、教育等方面更趨於弱勢，這種情況反過來會使他們更加貧困。對南疆三地州貧困農戶家庭來說，由於收入貧困人口無法獲得更好的衛生保健服務，這將引起健康狀況的惡化，從而無法工作來提高本人和家庭的收入；同樣，收入貧困人口由於家庭經濟條件限制，沒有能力送自己的孩子上學接受教育，這將妨礙他們提高未來的家庭收入，並有可能形成貧困的傳遞。農戶收入貧困和非收入貧困相互影響、相互加強，由此形成無法突破的惡性循環。這也是南疆三地州呈現連片貧困、持久性貧困的根源。

表3-16　　　各維度貧困對多維貧困指數的貢獻度

領域	維度	對多維貧困指數的貢獻度（%）
收入	年人均純收入	19.37
教育	受教育年限	35.73
健康	自評健康狀況	11.19

表3-16(續)

領域	維度	對多維貧困指數的貢獻度（%）
生活質量	通電情況	0.56
	衛生設施	9.24
	飲用水情況	8.57
	做飯燃料	9.22
	家庭資產	0.68
	住房結構	5.18

五、小結

（1）新疆經濟增長空間不均衡的特徵明顯。長期以來，新疆經濟實現高位增長，社會經濟發展取得巨大進步，但是北疆、南疆和東疆三大區域之間及其區域內部發展不均衡的特徵顯著。總的來看，經濟發展較好的地區集中分布於天山北坡和交通主幹線上，經濟發展落後的地區集中分布於南疆、北疆的邊遠地區，經濟發展存在明顯的空間失衡。這種經濟差異的非均衡性與不同區域及其自身內部的自然分布格局、資源分布、區位條件以及歷史人文因素密切相關。這種現象嚴重影響了新疆總體社會經濟的發展。

（2）受收入分配的影響，新疆經濟增長對城鄉貧困減緩的影響效果不同。2010年以前，新疆城鎮FGT貧困指數下降緩慢，反應收入不平等的基尼系數總體呈上升趨勢，經濟增長的減貧效果並不理想；2010年以後，隨著援疆建設和大規模民生工程深入推進，城鎮貧困程度不斷減緩，收入分配也持續改善，貧困人口從經濟增長中獲得了收益，經濟增長和有利於窮人的收入分配相結合的反貧困措施在減貧過程中取得了一定成效。對新疆農村而言，2000年以來，由於國家設定的農村貧困線不斷上升，使得新疆

農村更多的低收入人口被納入扶貧開發範圍之內。但是由於新疆農村收入分配的持續惡化，貧困人口難以從經濟增長中獲得好處，說明過去單純以經濟增長為減貧手段的效果不理想。因此新疆未來的扶貧戰略應充分重視提高貧困人口參與勞動的能力，確保他們能夠從經濟增長中獲得實惠。

（3）新疆經濟增長的不均衡性導致教育和健康事業發展的不均衡。雖然改革開放以來，新疆教育和衛生保健事業發展取得了巨大進步，但是新疆區域之間經濟增長的不平衡性導致教育和健康資源分配不公。同時教育體制和醫療體制的改革傾向於市場化，使得貧困落後地區和收入貧困人口無法充分享受到教育和健康進步所帶來的好處。新疆經濟增長和收入分配的不均衡性造成了教育和健康的區域性和階層性貧困，經濟發展落後的地區如扶貧開發重點縣和南疆三地州，及其低收入群體，其教育和健康發展也同樣滯後。

（4）現階段新疆貧困地區貧困多元化趨勢明顯，應從多維角度實施精準扶貧。以中國14個連片特困地區之一——南疆三地州為例，對新疆農村地區的多維貧困進行分析，發現現階段新疆農村非收入貧困發生率高於收入貧困發生率，多維貧困覆蓋率高；雖然隨著維度的增加，多維貧困發生率和多維貧困程度不斷下降，但是多維貧困人口的貧困強度不斷加大，更多維度上處於貧困的人口更難擺脫貧困；收入貧困已經不能全面反應新疆農村貧困狀況。未來反貧困工作應實施精準扶貧戰略，將扶貧開發工作的重點從瞄準收入貧困人口轉向為瞄準多維貧困人口，根據不同維度的貧困人口，進行針對性的扶貧。對於新疆貧困人口集中的南疆三地州，由於教育、收入、健康對多維貧困指數的貢獻最大，應同時從投資教育、促進農牧民增收、加強醫療衛生保障事業的投入以提高居民的健康水平等三方面入手，消除多維貧困現象。

（5）快速的經濟增長不一定帶來收入貧困、非收入貧困和不平等程度的下降。新疆農村相關實證研究表明，伴隨著新疆經濟長期的快速增長，新疆農村貧困地區的收入、非收入貧困和不平等現象依然突出，說明單純

依靠經濟增長並不能實現多維貧困程度快速下降。經濟增長是否能夠實現收入和非收入貧困程度快速下降，關鍵取決於收入和非收入分配是否向貧困人口傾斜，這就要求政府實施有益於貧困人口的益貧式增長戰略，促使貧困人口能夠參與到經濟增長過程中，並從經濟增長過程中充分獲得好處。

（6）新時期新疆實施益貧式增長戰略應重視提升貧困人口的自我發展能力。新疆實施益貧式增長戰略的前提應是貧困人口有機會、有能力從經濟增長中受益，這就要求貧困人口具有基本的勞動能力，具有一定的人力資本（如健康、教育）累積，有能力通過參加勞動享受經濟增長帶來的好處，從而實現脫貧。因此，要從根本上解決貧困問題，除了瞄準真正的貧困人口進行精準扶貧，還要給與貧困人口的個人能力以足夠的重視。通過重建貧困人口的個人能力，積極滿足益貧式增長戰略實施的前提條件，這樣扶貧才能達到預期效果。

第四部分 新疆多維益貧式增長的測度與判斷

　　根據益貧式增長的理論和方法，在測度一個國家或地區的貧困狀況以及經濟增長的益貧性時均需要計算平均不同時間段的收入增長率和確定貧困線。國內外相關研究在計算居民收入增長率時，一般以基年的收入為標準，隨後各年份的收入利用 CPI 指數縮減得到實際收入後，進而計算收入增長率；計算貧困指數時，也通常用 CPI 指數縮減各期的名義貧困線得到相應的實際貧困線。然而，這種縮減方法值得商榷。中國 CPI 指數的編制所包含的調查內容包括食品、衣著、居住、菸酒及用品、家庭設備用品及服務、交通通信、娛樂教育文化用品及服務、醫療保健及個人用品等八類。中國在編制 CPI 指數過程中假定不同的收入群體食品類消費權重與非食品類消費權重都是相同的。但是在現實生活中，不同的收入群體的消費水平和消費結構差異很大。以 2012 年新疆城鎮居民不同收入群體的消費構成情況為例，2012 年新疆城鎮居民最低收入戶的食品消費支出占總消費支出的比重為 48.49%，高收入戶僅占 32.78%，而全疆平均水平為 37.71%。這說明城鎮貧困人口和其他群體的消費結構差異較大。此外，某一類消費品價格的上漲對不同的收入群體的影響也不同，一般情況下貧困人口用於食物消費的支出往往大於非貧困人口，如果以糧食為主的食物類物價指數上漲

过快，那麼窮人所受到的負面影響遠大於非窮人。

CPI指數既不能反應整個收入分布中不同收入群體的消費模式，也不能反應不同收入群體生活成本變動的差異，因此利用CPI指數縮減收入指標或貧困線以計算貧困指數和判斷經濟增長的益貧性並不合適。

近年來，一些國內學者也關注到CPI指數的這一缺陷，建議編制低收入群體或貧困群體的消費價格指數，以真實反應價格變動對這一群體的影響程度（周望軍等，2006；張全紅，2008；朱晶、王軍英，2010）。但是，相關研究主要以理論探討為主，只有極少數的學者（張克中、馮俊城，2010）進一步考慮了由於不同收入群體的消費結構不同所造成的物價上漲對益貧式增長的影響，他們利用GIC曲線分析了物價上漲的異質性對中國城鄉經濟增長益貧性的影響程度，但是沒有進一步擴展到省級層面上進行分析。國內對新疆益貧式增長的研究均集中在農村地區，還沒有進行物價上漲異質性（物價上漲對不同收入群體影響的差異性）對新疆城鎮貧困及經濟增長益貧性影響的相關研究。

自2007年以來，包括中國在內的世界大部分國家經歷著新一輪的以糧食價格和食品價格為主要推手的物價上漲。在此背景下，新疆居民消費價格大幅上漲，2012年更是達到了全國第一。新疆消費價格指數持續上漲同樣是食品類價格的大幅上漲所致。如從構成消費價格指數的八類商品和服務來看，2014年新疆居民消費價格總水平上漲2.1%，其中食品類價格上漲3.6%，遠高於其他類商品和服務的漲幅。從不同縣市的新疆城鎮消費價格指數來看，越是貧困的地區，其城鎮消費價格指數漲幅越高。以2012年為例，在調查的19個地州市中，消費價格指數高於104%的縣市有8個，其中5個都位於社會經濟發展相對落後的南疆，且幾乎都集中在以貧困著稱的南疆三地州。北疆地區城鎮貧困比較嚴重的阿勒泰市的消費價格指數為104.3%，其中食品類甚至達到了110.3%，是19個縣市中食品類價格指數最高的。對此新疆政府有關部門也採取了一定措施，如2011年新疆建立了低保標準與物價上漲的聯動機制，規定居民消費價格指數上漲超過3.8%

時，以地（州、市）為單位，啓動聯動機制，超過3.8%的部分，每增長1個百分點，低保對象每人每月增加12元。但是這些措施遠遠滿足不了低收入群體的生活需要。食品價格的上升所導致的低收入群體實際收入的下降還會使更多的低收入群體陷入貧困。

新疆屬於社會經濟發展比較落後的邊疆少數民族地區，南疆三地州及北疆的阿勒泰地區是新疆少數民族貧困人口集中的地區。消費價格指數尤其是食品類價格指數大幅上漲，對少數民族的生活質量有很大影響，將不利於社會穩定和團結。本研究分別基於 CPI 指數以及特定百分位點的消費價格指數（PCPI）計算 2002—2014 年新疆城鄉貧困指數和城鄉經濟增長的益貧性，並對比這兩種計算結果，揭示物價上漲對新疆城鄉貧困狀況以及經濟增長益貧性的影響程度，為政府貧困監測和反貧困政策的調整提供依據。

一、模型及數據來源

（一）GIC 曲線

如第二章所述，增長發生曲線（GIC）是評估益貧式增長的應用最為廣泛的方法，它也反應經濟增長過程中收入分配模式的變動情況。GIC 曲線描述了 t-1 時刻和 t 時刻之間每一人口百分位點上收入增長率的變動軌跡。用公式表示如下：

$$y_t(p) = F_t^{-1}(p) = L_t^{'}(p)\mu_t, \quad y_t^{'}(p) > 0 \tag{4.1}$$

$$GIC: g_t(p) = \frac{y_t(p)}{y_{t-1}(p)} - 1 \tag{4.2}$$

$$g_t(p) = \frac{L_t^{'}(p)}{L_{t-1}^{'}(p)}(\gamma_t + 1) - 1 \tag{4.3}$$

P 是對應的百分位點，F_t^{-1} 是第 p 個百分位點（收入百分位點）上累積

分布函數的反函數，$L_t(p)$ 是洛倫茨曲線 [斜率是 $L_t'(p)$]，$\gamma_t = \dfrac{\mu_t}{\mu_{t-1}} - 1$ 是人均收入或消費的平均增長率。

GIC 曲線可以像公式（4.2）那樣定義為第 p 個百分位點上的收入增長率，也可以將公式（4.1）帶入公式（4.2）後得到公式（4.3）後再來計算。本研究的 GIC 曲線由公式（4.2）推導得到。

（二）考慮物價上漲的 GIC 曲線

公式（4.1）、（4.2）、（4.3）表示的是沒有消除物價上漲因素的名義 GIC 曲線，剔除物價上漲因素後的 GIC 曲線為：

$$g_t(p) = \dfrac{y_t(p)\dfrac{1}{1+i_t}}{y_{t-1}(p)} - 1 \qquad (4.4)$$

公式（4.4）中，i_t 表示從 t-1 期到 t 期的物價上漲時的物價上漲率，用 CPI 上漲率表示。該式暗含的假定是物價上漲對不同收入群體的影響都相同。實際上，由於窮人和富人的消費結構差異很大，因此物價上漲，尤其是食品和糧食類價格上漲對窮人的負面影響更大，利用 CPI 指數縮減名義收入可能會低估物價上漲對窮人的影響，高估物價上漲對富人的影響。因此，在此引入特定百分位消費價格指數（PCPI）來消除物價上漲對不同收入群體的影響。基於 PCPI 指數的實際 GIC 曲線為：

$$g_t(p) = \dfrac{y_t(p)\dfrac{1}{1+i_t(p)}}{y_{t-1}(p)} - 1 \qquad (4.5)$$

公式（4.5）中，$i_t(p)$ 是從 t-1 期到 t 期的不同收入百分位點人口面臨的物價上漲率。

（三）數據及數據來源

測度新疆城鄉是否實現多維益貧式增長所需要的數據及數據來源，如

表 4-1 所示。

表 4-1　　　　　　　　　　數據及數據來源

數據	數據來源
人均可支配收入	來源於相應年份的《新疆統計年鑒》：中國統計出版社
貧困人口指數	根據 FGT 指數計算公式得到
綜合福利指數（CWI）	借鑑聯合國人類發展指數，通過計算得到
不同百分點人口收入水平	來源於相應年份的《新疆統計年鑒》《新疆調查年鑒》：中國統計出版社
不同百分點人口教育水平	同上
不同百分點人口醫療保健支出	同上
單位百分比消費者價格指數（PCPIs）	通過源自《新疆調查年鑒》的家庭消費支出構成及相應消費產品類別的相對價格變化計算得到
不同種類消費品價格指數	來源於相應年份的《新疆統計年鑒》：中國統計出版社

本研究採用的綜合福利指數（CWI）借鑑了聯合國人類發展指數（HDI）的方法計算。人類發展指數 HDI 用來衡量一個國家在人類發展方面的三個基本維度，即健康長壽的生活，成人識字率和小學、中學和大學的綜合毛入學率（有些文獻也用平均受教育年限考察知識水平）以及人均收入來衡量。由於不同百分點人口的預期壽命和識字率、入學率（或平均受教育年限）數據採集困難，所以本研究採用不同百分點人口醫療保健支出、不同百分點人口受教育支出兩個指標，經過相應消費產品類別的價格指數平減後，來替代上述兩個指標，分別考察健康和知識水平。

二、新疆城鎮多維益貧式增長分析

(一) 收入益貧式增長分析

1. 數據來源及貧困線的確定

本研究採用國家統計局公布的《新疆統計年鑒》2002—2014 年新疆城鎮居民收入七等份數據計算新疆城鎮居民的 FGT 貧困指數以及判斷經濟增長的益貧性。

國內學者研究城鎮貧困問題時採用的貧困線通常有兩種：一種是城市低保線，即城市最低社會保障標準；另一種是國際貧困線，如總平均收入的 50% 或 60%、1 天 1 美元、1 天 1.25 美元、1 天 2 美元等。本研究採用城鎮居民人均可支配收入的 50% 作為城鎮貧困線。

2. CPI 指數與 PCPI 指數的確定

根據《新疆統計年鑒》提供的各年份新疆城市居民消費價格分類指數可以得到以 2002 年為基期的 2014 年的定基 CPI 分類指數，如表 4-2 所示。

表 4-2　　　　　2002—2014 年新疆城鎮 CPI 指數　　　　單位:%

年份	食品	非食品	CPI
2002	100	100	100
2014	220.69	114.34	140.71

從表 4-2 可以看出，以 2002 年為基期，2014 年新疆城鎮 CPI 指數為 140.71%，其中食品類消費價格指數為 220.69%，非食品類消費價格指數為 114.34%，食品類消費價格指數遠高於非食品類。

考慮不同收入群體的消費支出結構，對居民消費價格指數進行改進得到特定收入百分位消費價格指數 PCPI 如下：

$$PCPI(p) = \omega_{食品}(p) * CPI_{食品}(p) + \omega_{非食品}(p) * CPI_{非食品}(p) \qquad (4.6)$$

其中 $\omega_{食品}(p)$ 和 $\omega_{非食品}(p)$ 表示處於第 p 個收入百分位點人口的食物和非食物消費所占比重。

利用《新疆統計年鑒》提供的各年份城鎮居民家庭平均每人全年消費性支出構成的數據和城市居民消費價格分類指數，根據公式（4.6）計算得到不同收入百分位點人口面臨的 PCPI 以及全疆平均 PCPI。

3. 實證結果及其分析

（1）分別基於 CPI 指數與 PCPI 指數計算的新疆城鎮貧困指數。表 4-3 列出了分別以 CPI 指數為標準和以全疆平均 PCPI 指數為標準計算的新疆城鎮貧困指數。

表 4-3　　按 CPI 和 PCPI 計算的新疆城鎮貧困情況

年份	貧困發生率 H（%）	貧困人口（萬人）	PG（%）	脫貧資金（萬元）	SPG（%）	基尼系數（%）
2002	10.74	69.24	4.41	105,978.00	3.58	30.96
2014（經 CPI 調整）	14.59	154.49	4.90	210 151.33	2.32	28.91
2014（經 PCPI 調整）	15.89	168.26	5.68	227,678.98	3.65	28.98

從表 4-3 可以看到，無論用哪種指數縮減，2014 年與 2002 年相比，貧困人數、貧困嚴重程度 PG 和貧困強度 SPG 都有不同程度上升，表示收入不平等的基尼系數也有所提高。

採用不同的指數作為縮減方法所得到的結果有較大差異。以 PCPI 指數為標準計算的三種貧困指數均高於以 CPI 指數為標準的貧困指數。其中貧困發生率上升了 1.30 個百分點，貧困人口增加了 13.77 萬人，貧困人口脫貧所需的轉移支付金額增加了 17,527.65 萬元，貧困強度增加了 1.33 個百分位點，表明貧困人口內部的不平等程度加劇。可見 PCPI 對貧困的惡化程度（包括貧困人口、貧困廣度、貧困深度、貧困強度等方面）的顯示均超過了 CPI，基於 PCPI 計算的基尼系數也高於基於 CPI 計算的結果。此外，

以 PCPI 為標準計算的反貧困成本（脫貧資金）與以 CPI 為標準計算的反貧困成本相比有了大幅度上升，遠高於相應標準下貧困人口的變化。上述分析說明新疆城鎮物價上漲對貧困人口的不利影響遠遠超過人們通過官方公布的 CPI 指數所看到的結果。

（2）名義 GIC 曲線與實際 GIC 曲線。得到相關年份的洛倫茨曲線以及不同收入百分位點上的 PCPI 指數後，根據公式（4.1）~（4.5），可以描繪出新疆城鎮名義 GIC 曲線和考慮不同收入群體消費結構的實際的 GIC 曲線。從圖 4-1 來看，無論是沒有經過物價指數調整的名義 GIC 曲線還是分別經過 CPI 指數和 PCPI 指數調整的實際 GIC 曲線均呈右下方傾斜。貧困人口的收入增長率大於非貧困人口的收入增長率，說明 2002—2014 年，新疆城鎮經濟增長無論在弱意義上還是相對意義上均是益貧的。

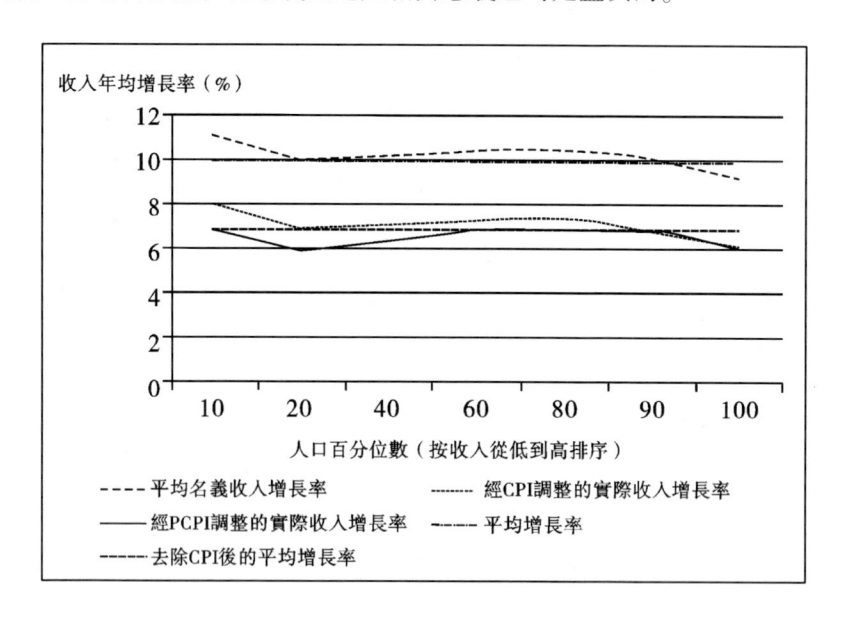

圖 4-1　2002—2014 年名義收入 GIC 曲線
以及經過 CPI 和 PCPI 調整後的收入 GIC 曲線

圖 4-1 中不同收入百分位點上經 CPI 調整的 GIC 曲線和經 PCPI 調整的 GIC 曲線之間的距離隨著收入百分位點的不斷升高而變窄，這說明物價上

漲尤其是食品類消費品價格的快速上漲對貧困人口的負面影響高於非窮人,收入越高,以食品類消費價格上升為推手的物價上漲受到的負面影響越小。雖然2002—2014年新疆貧困人口收入增長速度較快,但是由於物價上漲結構的不平衡,以食品類消費品為推手的物價上漲使得他們從經濟增長中獲得的好處大打折扣。

表4-4　　2002—2014年不同收入百分位點人口的收入增長率　　單位:%

不同收入 百分位點	平均名義 收入增長率	經CPI調整的 實際收入增長率	經PCPI調整的 實際收入增長率
10	11.08	7.96	6.79
20	9.98	6.89	5.92
40	10.12	7.03	6.35
60	10.35	7.26	6.89
80	10.47	7.37	6.92
90	10.03	6.95	6.80
100	9.10	6.04	5.99
平均	9.93	6.84	6.41

表4-4顯示了在沒有考慮物價上漲因素情況下,處於收入最低10%的貧困人口的年均收入增長率為11.08%,最高收入10%人口的收入增長率為9.10%,經過CPI調整後不同收入百分位點人口的收入增長率都有明顯下降,最低收入10%的貧困人口收入增長率下降至7.96%,最高收入10%人口的收入增長率下降至6.04%;經PCPI調整後,各收入百分位點上收入增長率進一步下降,與平均名義收入增長率相比,最低收入10%的貧困人口下降了4.29個百分位點,是所有收入百分位點上收入增長率下降幅度最大的,位於最低收入20%人口收入增長率下降了4.06個百分位點,僅次於最低收入10%人口的收入增長率的下降幅度。說明物價上漲對處於社會最底層的貧困人口的負面影響最大。

4. 結論與建議

國內外現有的文獻在研究貧困問題時，通常利用CPI指數縮減貧困線或者各年份的收入水平，但是只有在各類消費品或服務價格變化方向或幅度大致相同時利用CPI指數縮減才比較準確，如果物價上漲的結構尤其是食品和非食品類消費價格上漲幅度差異較大，利用CPI指數進行縮減時就會產生較大的偏差。因此，在計算貧困指數和測度貧困人口收入增長的益貧性時，建議採用考慮不同收入群體消費結構的價格指數如PCPI指數作為縮減工具。在分析物價上漲對貧困的影響時，既要關注物價上漲的幅度對貧困群體的影響，也要關注物價上漲的結構對不同收入群體的影響。否則，可能會低估或高估實際的貧困水平。首先，相關部門應依據反應不同收入群體消費結構的消費價格指數監測貧困水平的動態變化。其次，穩定物價尤其是食品類消費品的價格對貧困群體至關重要，並應實施穩定糧食和食品價格的政策，如增加農業基礎設施的投資。最後，對農民提供糧食補貼以提高他們種糧積極性，也能夠有效減貧。

（二）教育益貧式增長分析

表4-5顯示了在沒有考慮物價上漲因素的情況下，2002—2014年，處於收入最低10%的貧困人口的年均教育支出增長率為0.65%，處於20%~90%位點的人口教育支出增長率在5%~8%之間，收入最高10%的人口的教育支出增長率為2.73%。經過CPI調整後不同收入百分位點人口的教育支出增長率都有明顯下降，收入最低10%的貧困人口教育支出增長率下降至-2.17%，收入最高10%的人口的教育支出增長率下降至-0.15%。經PCPI調整後，各收入百分位點上教育支出增長率進一步下降，與平均名義教育支出增長率相比，收入最低10%的貧困人口下降至-3.24%，是所有收入百分位點上教育支出增長率下降幅度最大的，說明物價上漲對處於社會最底層的貧困人口的負面影響最大。

表 4-5　2002—2014 年不同收入百分位點人口的教育支出增長率　單位:%

不同收入百分位點	平均名義教育支出增長率	經 CPI 調整的實際教育支出增長率	經 PCPI 調整的實際教育支出增長率
10	0.65	-2.17	-3.24
20	5.09	2.14	1.21
40	7.50	4.49	3.83
60	6.55	3.56	3.21
80	6.51	3.52	3.09
90	6.37	3.39	3.25
100	2.73	-0.15	-0.20
平均	5.83	2.86	2.44

從圖 4-2 來看，無論是沒有經過物價指數調整的名義 GIC 曲線還是分別經過 CPI 指數和 PCPI 指數調整的實際 GIC 曲線均呈倒 U 形狀。

在沒有考慮物價上漲的情況下，2002—2014 年處於最低收入 20% 以下的貧困人口的教育支出增長率大於零，且小於相應的平均教育支出增長率，說明 2002—2014 年，不考慮物價上漲因素，新疆城鎮教育支出在弱絕對意義上是益貧的，在相對意義上不是益貧的。

但是對於處於最低收入 10% 以下的貧困人口，經過 CPI 和 PCPI 調整後的實際教育支出增長率均小於零，在此情況下，教育支出在弱絕對意義和相對意義上都不是益貧的。

與收入 GIC 曲線類似，圖 4-2 中不同收入百分位點上經 CPI 調整的教育支出 GIC 曲線和經 PCPI 調整的教育支出 GIC 曲線之間的距離隨著收入百分位點的不斷升高而變窄，這說明物價上漲尤其是食品類消費品價格的快速上漲對貧困人口教育支出的負面影響高於非窮人。因此，考慮物價上漲結構的不平衡，與非貧困人口相比，貧困人口從教育發展中並沒有獲得好處。

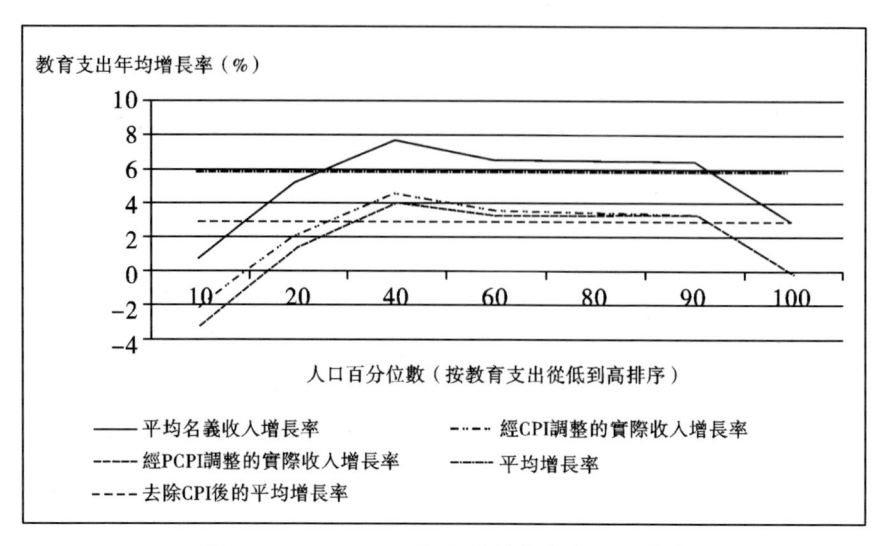

圖 4-2　2002—2014 年名義教育支出 GIC 曲線
以及經過 CPI 和 PCPI 調整後的 GIC 曲線

(三) 健康益貧式增長分析

表 4-6 顯示了在沒有考慮物價上漲因素情況下，處於收入最低的 10% 的貧困人口的年均醫療保障支出增長率為 8.14%，收入最高的 10% 的人口的醫療保障支出增長率為 12.43%；經過 CPI 調整後不同收入百分位點人口的醫療保障支出增長率都有明顯下降，收入最低的 10% 的貧困人口醫療保障支出增長率下降至 5.10%，收入最高的 10% 人口的醫療保障支出增長率下降至 9.28%；經 PCPI 調整後，各收入百分位點上的醫療保障支出增長率進一步下降，與平均名義醫療保障支出增長率相比，收入最低 10% 的貧困人口下降了 4.18 個百分位點，位於收入最低 20% 人口位點的醫療保障支出增長率下降了 4.31 個百分位點，是所有收入百分位點上醫療保障支出增長率下降幅度最大的。說明物價上漲對處於社會最底層的貧困人口的負面影響最大。

表 4-6　　　　　2002—2014 年不同收入百分位點人口
　　　　　　　　　的醫療保障支出增長率　　　　　單位:%

不同收入百分位點	平均名義醫療保障支出增長率	經 CPI 調整的實際醫療保障支出增長率	經 PCPI 調整的實際醫療保障支出增長率
10	8.14	5.10	3.96
20	16.91	13.63	12.60
40	10.79	7.69	7.01
60	11.75	8.62	8.24
80	11.97	8.82	8.37
90	9.71	6.63	6.49
100	12.43	9.28	9.23
平均	11.58	8.45	8.01

從圖 4-3 來看，無論是沒有經過物價指數調整的名義 GIC 曲線還是分別經過 CPI 指數和 PCPI 指數調整的實際 GIC 曲線，處於收入最低的 10% 的貧困人口醫療保障支出增長率均小於相應的平均增長率，說明 2002—2014 年，新疆城鎮醫療保障支出在弱意義上是益貧的，但是在相對意義上不是益貧的。

(四) 多維益貧式增長分析

表 4-7 顯示了在沒有考慮物價上漲因素的情況下，2002—2014 年，處於收入最低的 10% 的貧困人口的年均綜合福利指數增長率為 9.54%，收入最高的 10% 的人口的綜合福利指數增長率為 8.80%。經過 CPI 調整後不同收入百分位點人口的綜合福利指數增長率都有明顯下降，收入最低的 10% 的貧困人口綜合福利指數增長率下降至 6.47%，收入最高的 10% 的人口的綜合福利指數增長率下降至 5.75%。經 PCPI 調整後，各收入百分位點上綜合福利指數增長率進一步下降，與平均名義綜合福利指數增長率相比，收入最低的 10% 的貧困人口下降了 4.23 個百分位點，是所有收入百分位點上綜合福利指數增長率下降幅度最大的；位於收入最低的 20% 的人口綜合福

医疗保障支出年均增长率（%）

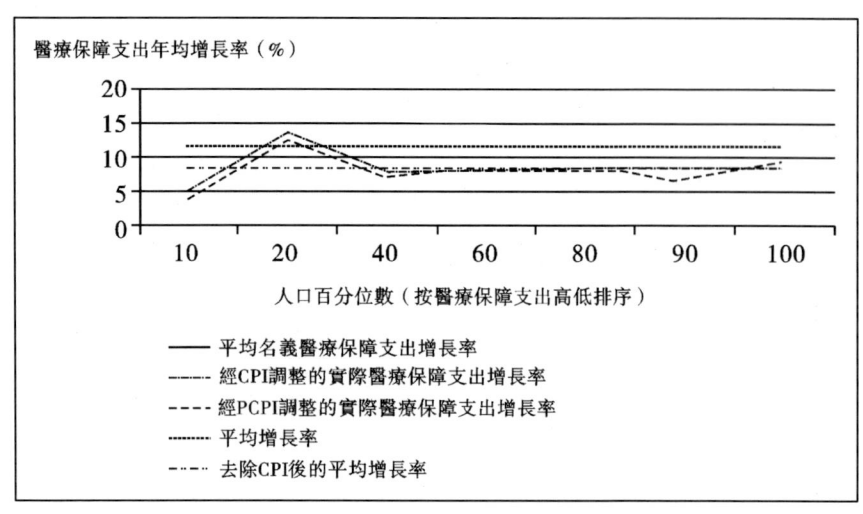

图 4-3　2002—2014 年名义医疗保障支出 GIC 曲线
以及经过 CPI 和 PCPI 调整后的医疗保障支出 GIC 曲线

利指数增长率下降了 4.05 个百分位点，仅次于收入最低的 10% 人口的综合福利指数增长率的下降幅度。随着收入不断增长，综合福利指数的下降幅度越来越小，处于最高百分位点人口的综合福利指数下降幅度为 3.1 个百分位点，是所有百分位点下降幅度最小的。这说明收入越高的群体，其综合福利指数受物价指数的负面影响越小。

表 4-7　　　　2002—2014 年不同收入百分位点人口
的综合福利指数增长率　　　　单位:%

不同收入百分位点	平均名义综合福利指数增长率	经 CPI 调整的实际综合福利指数增长率	经 PCPI 调整的实际综合福利指数增长率
10	9.54	6.47	5.31
20	9.87	6.79	5.82
40	9.91	6.82	6.15
60	10.11	7.02	6.65
80	10.22	7.13	6.68

表4-7(續)

不同收入 百分位點	平均名義綜合 福利指數增長率	經CPI調整的 實際綜合福利 指數增長率	經PCPI調整的 實際綜合福利 指數增長率
90	9.70	6.62	6.48
100	8.80	5.75	5.70
平均	9.66	6.58	6.15

從圖4-4來看，無論是沒有經過物價指數調整的名義GIC曲線還是分別經過CPI指數和PCPI指數調整的實際GIC曲線均與相應的平均增長率十分接近。收入處於10%以下的貧困人口，名義綜合福利指數增長率和經過CPI調整的實際綜合福利指數增長率均小於相應的平均增長率，綜合福利指數增長在弱絕對意義上是益貧的，在相對意義上不是益貧的。

經過PCPI調整後的貧困人口，其綜合福利指數增長率小於相應的平均增長率，教育支出在弱絕對意義上是益貧的，但是在相對意義上不是益貧的。

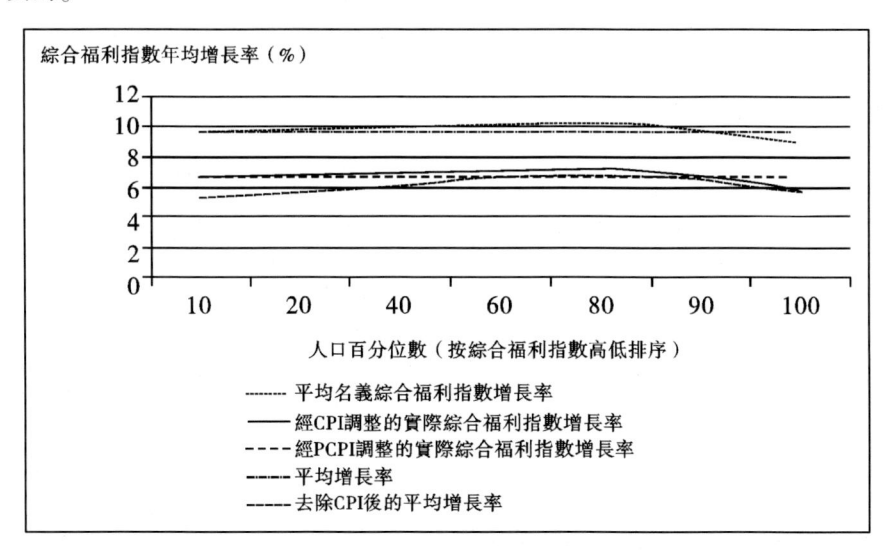

圖4-4　2002—2014年名義綜合福利指數GIC曲線以及經過CPI和PCPI調整後的綜合福利指數GIC曲線

三、新疆農村多維益貧式增長分析

(一) 收入益貧式增長分析

1. 分別基於 CPI 指數與 PCPI 指數計算的新疆農村貧困指數

根據《新疆統計年鑒》提供的各年份新疆城市居民消費價格分類指數可以得到以 2002 年為基期的 2014 年的定基 CPI 分類指數，如表 4-8 所示。

表 4-8　　　　2002—2014 年新疆農村 CPI 指數　　　　單位:%

年份	食品	非食品	CPI
2002	100	100	100
2014	235.38	128.53	162.09

從表 4-8 可以看到，以 2002 年為基期，2014 年新疆農村 CPI 指數為 162.09%，其中食品類消費價格指數為 235.38%，非食品類消費價格指數為 128.53%，食品類消費價格指數遠高於非食品類。

利用《新疆統計年鑒》提供的各年份農村居民家庭平均每人全年消費性支出構成的數據和農村居民消費價格分類指數，根據公式（4.6）計算得到不同收入百分位點人口面臨的 PCPI 以及全疆平均 PCPI。

表 4-9 列出了分別以 CPI 指數為標準和以全疆平均 PCPI 指數為標準計算的新疆農村貧困指數。

表 4-9　　按 CPI 和 PCPI 計算的新疆農村收入貧困情況

年份	貧困發生率 H (%)	貧困人口（萬人）	PG (%)	SPG (%)	基尼系數 (%)
2002	13.34	168	3.42	1.18	38.07
2014	22.25	276	7.99	4.06	54.22

表4-9(續)

年份	貧困發生率 H（%）	貧困人口（萬人）	PG（%）	SPG（%）	基尼系數（%）
2014（經 CPI 調整）	48.7	604	18.37	9.81	54.19
2014（經 PCPI 調整）	49.55	614	20.11	10.92	51.85

2014年與2002年相比，採用現價計算的貧困發生率、貧困嚴重程度、貧困強度分別上升了8.91個百分點、4.57個百分點和2.88個百分點，上升幅度較大；代表收入不平等程度的基尼系數也從2002年的38.07%上升到2014年的54.22%。此外，從表4-9可以看到，無論用哪種指數縮減，2014年與2002年相比，貧困人數都有了大幅上升，貧困嚴重程度PG和貧困強度SPG均有不同程度加深，表示收入不平等的基尼系數也大幅度提高。

採用不同的指數作為縮減方法所得到的結果也有差異。以PCPI指數為標準計算的三種貧困指數均高於以CPI指數為標準的貧困指數。其中貧困發生率上升了0.85個百分點，貧困人口增加了10萬人，貧困強度增加了1.11個百分位點，表明貧困人口內部的不平等程度加劇。可見PCPI對貧困的惡化程度（包括貧困人口、貧困嚴重程度、貧困強度等方面）的顯示均超過了CPI。基於PCPI計算的基尼系數略低於基於CPI計算的結果，但是也達到了51.85%。這說明新疆農村物價上漲對貧困人口的不利影響同樣超過人們通過官方公布的CPI指數所看到的結果。

2. 名義GIC曲線與實際GIC曲線

表4-10顯示了在沒有考慮物價上漲因素的情況下，2002—2014年，600元以下收入組的收入增長率為負值，其他收入組收入都有不同程度增長。其中5,000元以上收入組的收入增長達到了8.32%，遠遠超過了其他收入組的收入增長。

經過CPI調整後不同收入組人口的收入增長率都有明顯下降，除了

5,000元以上收入組的收入增長率達到了4.05%，其他收入組的收入增長均為負值，其中600元以下的收入組的收入下降幅度尤其大。

經PCPI調整後，各收入組收入增長率進一步下降，與經過CPI調整後不同收入組人口的收入增長率的分布情況相似，僅有5,000元以上收入組的收入增長率達到了4.19%，甚至比經過CPI指數調整後的增長幅度還大。但其他收入組的收入增長率均為負值，其中600元以下的收入組的收入增長率在-4%以下，明顯低於其他收入組。這說明物價上漲對處於社會最底層的農村貧困人口的負面影響最大。

表4-10　　2002—2014年不同收入組人口的收入增長率　　單位:%

不同收入組	平均名義收入增長率	經CPI調整的實際平均收入增長率	經PCPI調整的實際平均收入增長率
0~400元	-0.32	-4.25	-4.53
400~600元	-0.04	-3.98	-4.64
600~1,000元	1.5	-2.28	-1.28
1,000~1,200元	1.71	-2.31	-3.36
1,200~1,500元	1.72	-2.29	-2.83
1,500~1,700元	1.43	-2.57	-3.09
1,700~2,000元	1.43	-2.57	-2.86
2,000~2,500元	1.79	-2.23	-2.71
2,500~3,000元	1.78	-2.24	-2.86
3,000~3,500元	1.46	-2.54	-3.12
3,500~4,000元	1.18	-2.81	-3.3
4,000~4,500元	1.15	-2.84	-3.13
4,500~5,000元	1.06	-2.93	-3.33
5,000元以上	8.32	4.05	4.19
平均	13.73	9.24	9.25

得到相關年份的洛倫茨曲線以及不同收入組上的PCPI指數後，根據公式（4.1）~（4.5），可以描繪出新疆農村名義GIC曲線和考慮不同收入群

體消費結構的實際的 GIC 曲線。從圖 4-5 來看，無論是沒有經過物價指數調整的名義 GIC 曲線還是分別經過 CPI 指數和 PCPI 指數調整的實際 GIC 曲線均呈右上方傾斜，表明農村經濟增長是非益貧的，經濟增長帶來的收益主要由最高收入組的群體獲得。

經過 CPI 指數和 PCPI 指數調整過的 GIC 曲線，除了最高收入組在橫軸上方，其他收入組均在橫軸下方，這意味著考慮物價因素後，除了最高收入組的人口，其他收入組的實際收入增長均為負值。從不同收入組來看，收入越低，收入下降速度越快，說明 2002—2014 年這十二年間，中低收入群體均沒有從經濟增長中獲得收益。新疆農村經濟增長無論在弱絕對意義上、相對意義上還是強絕對意義上均不是益貧的。

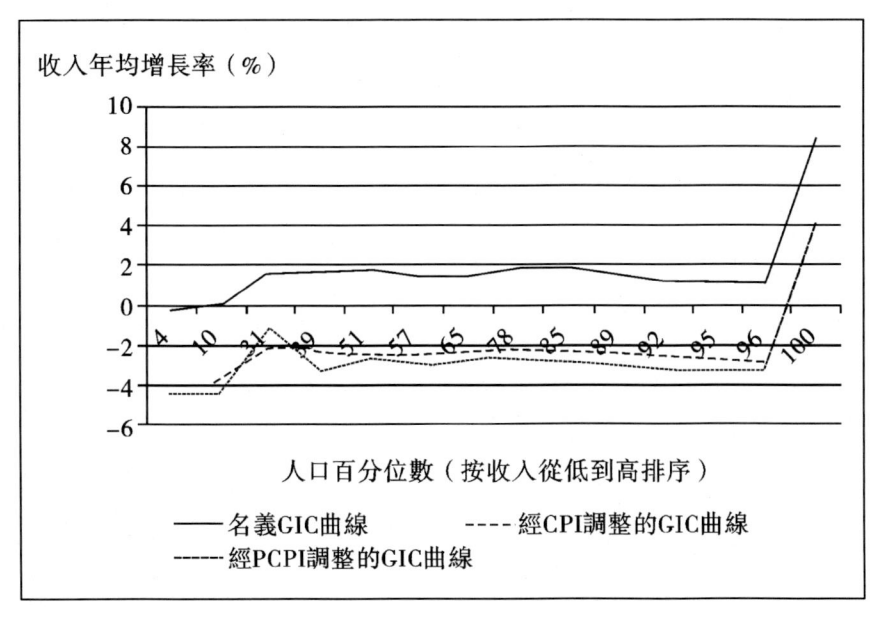

圖 4-5　2002—2014 年名義收入 GIC 曲線
以及經過 CPI 和 PCPI 調整後的收入 GIC 曲線

圖 4-5 中，不同收入百分位點上經 CPI 調整的 GIC 曲線和經 PCPI 調整的 GIC 曲線之間的距離隨著收入百分位點的不斷升高而變窄，說明物價上

漲尤其是食品類消費品價格的快速上漲對貧困人口的負面影響高於非窮人。收入越高，以食品類消費價格上升為推手的物價上漲的負面影響越小。

從上述分析來看，新疆農村收入貧困人口並沒有能從扶貧開發中獲得與非貧困人口同等的收益。與全國類似，以往新疆的扶貧開發是以區域為對象。儘管貧困縣和貧困村覆蓋的貧困人口占總貧困人口的大多數，扶貧項目的實施卻依然面臨第二次瞄準的問題，扶貧開發帶來的好處更多地被貧困地區內部的中等甚至高收入家庭享用。由扶貧項目提供的道路、供電、供水、農業產業等，在貧困縣和貧困村中的非貧困人口從中受益往往更大。然而，扶貧投入的資源是有限的，非貧困人口所占的比例越高，扶貧資源漏出的可能性也越大。另外，對扶貧項目配套資金的要求過高，使很多貧困人口被排斥在扶貧項目之外。這一問題在整村推進、勞動力培訓轉移、信貸扶貧、科技扶貧中都普遍存在。

（二）教育益貧式增長分析

表4-11顯示了在沒有考慮物價上漲因素的情況下，2002—2014年，收入低於400元組的貧困人口的年均教育支出增長率為20.71%，收入在5,000元以上組的人口的教育支出增長率為4.99%。經過CPI調整後不同收入組人口的教育支出增長率都有明顯下降，收入低於400元組的人口教育支出增長率下降至15.95%，收入在5,000元以上組的人口的教育支出增長率下降至0.84%。經PCPI調整後，除了最高收入組5,000元以上組外，各不同收入組的人口教育支出增長率進一步下降，與平均名義教育支出增長率相比，收入低於400元組的人口下降了5.09個百分位點，收入在400~600元組的人口教育支出增長率下降了5.35個百分位點，是所有收入組中教育支出增長率下降幅度最大的，僅次於收入低於400元組的人口教育支出增長率的下降幅度。這說明物價上漲對處於社會最底層的貧困人口的教育發展負面影響最大。

表 4-11　　2002—2014 年不同收入組人口的教育支出增長率　　單位:%

不同收入組	名義教育支出增長率	經 CPI 調整的實際教育支出增長率	經 PCPI 調整的實際教育支出增長率
0~400 元	20.71	15.95	15.62
400~600 元	16.04	11.46	10.69
600~1,000 元	21.99	17.18	18.37
1,000~1,200 元	-0.12	-4.06	-5.09
1,200~1,500 元	12.82	8.37	7.78
1,500~1,700 元	-1.8	-5.67	-6.17
1,700~2,000 元	5.19	1.04	0.74
2,000~2,500 元	10.33	5.97	5.45
2,500~3,000 元	4.57	0.44	-0.19
3,000~3,500 元	-1.37	-5.26	-5.83
3,500~4,000 元	-0.77	-4.69	-5.16
4,000~4,500 元	2.81	-1.25	-1.54
4,500~5,000 元	4.67	0.54	0.12
5,000 元以上	4.99	0.84	0.98
平均	15.57	11.01	11.02

從表 4-11 和圖 4-6 來看，2002—2014 年，無論是名義的、經過 CPI 調整的、經過 PCPI 調整的 1,000 元以下低收入組群體教育支出增長率均高於其他收入組，也高於全疆平均增長率。GIC 曲線總體呈向右下方傾斜的趨勢，新疆教育維度實現了弱絕對益貧式增長和相對益貧式增長。這主要得益於中央和新疆政府對教育的大力投入。長期以來，新疆的教育投入高於全國平均水平。中央開展新疆工作座談會之前，全疆每年教育投入 200 多億元；2010 年以後，教育惠民工程全面推進，教育平均年投入 500 多億元，財政性教育經費支出占地區生產總值的比例連續多年高於 4% 的國家規定目標。並實施了農村義務教育薄弱學校改造計劃、農村中小學校舍維修

改造等教育基礎設施建設項目。從 2013 年 9 月起，新疆集中連片特困地區南疆三地州的普通高中在校生免學費、免教材費和免住宿費，同時國家財政為每位學生每年補貼 1,500 元助學金。2014 年，「三免一補」範圍進一步擴大，阿克蘇地區的高中生也被納入南疆教育資助政策的範圍。這幾個南疆地州初中畢業生升入高中階段的比例已由 2009 年的 38% 提高到 2014 年的 84%，新疆教育事業發展進入改革開放以來最好、最快的時期。

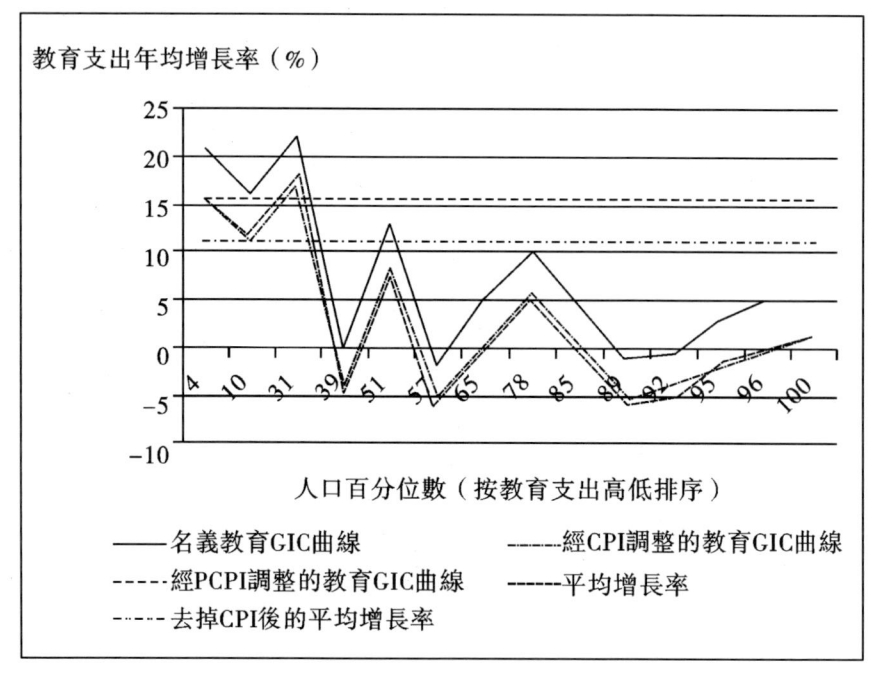

圖 4-6　2002—2014 年名義教育 GIC 曲線
以及經過 CPI 和 PCPI 調整後的教育 GIC 曲線

(三) 健康益貧式增長分析

表 4-12 顯示了在沒有考慮物價上漲因素情況下，2002—2014 年，收入為 400 元以下組的貧困人口的年均醫療保障支出增長率為 25.01%，收入為 5,000 元以上組的醫療保障支出增長率為 7.57%。經過 CPI 調整後不同

收入組人口的醫療保障支出增長率都有明顯下降，收入為400元以下組的貧困人口醫療保障支出增長率下降至20.08%，收入為5,000元以上組人口的醫療保障支出增長率下降至3.33%。經PCPI調整後，各收入組人口的醫療保障支出增長率進一步下降，與平均名義醫療保障支出增長率相比，收入為400元以下組的貧困人口醫療保障支出增長率下降了5.28個百分位點，收入為400~600元組的人口醫療保障支出增長率下降了6.02個百分位點，是所有收入組人口醫療保障支出增長率下降幅度最大的，僅次於收入為400元以下組人口的醫療保障支出增長率的下降幅度。這說明物價上漲對處於社會最底層的貧困人口的負面影響最大。

表4-12 2002—2014年不同收入組人口的醫療保障支出增長率　　單位:%

不同收入組	名義醫療保障支出平均增長率	經CPI調整的實際醫療保障支出平均增長率	經PCPI調整的實際醫療保障支出平均增長率
0~400元	25.01	20.08	19.73
400~600元	30.67	25.51	24.65
600~1,000元	5.97	1.79	2.83
1,000~1,200元	1.15	-2.84	-3.88
1,200~1,500元	5.94	1.76	1.21
1,500~1,700元	5.02	0.88	0.34
1,700~2,000元	14.18	9.68	9.35
2,000~2,500元	7.74	3.49	2.98
2,500~3,000元	9.1	4.79	4.13
3,000~3,500元	3.42	-0.66	-1.25
3,500~4,000元	5.08	0.94	0.43
4,000~4,500元	3.98	-0.12	-0.42
4,500~5,000元	7.83	3.58	3.15
5,000元以上	7.57	3.33	3.47
平均	17.86	13.21	13.22

從表4-12和圖4-7來看，2002—2014年，無論是名義的、經過CPI

調整的、經過 PCPI 調整的 600 元以下低收入組群體的醫療保障支出增長率均高於其他收入組且高於全疆平均增長率。GIC 曲線總體呈向右下方傾斜的趨勢，新疆健康維度實現了弱絕對益貧式增長和相對益貧式增長。2010年後，19 個對口支援省市在新疆衛生基礎設施建設、醫療裝備、衛生人才培養各個領域，採取特殊政策給予支持。

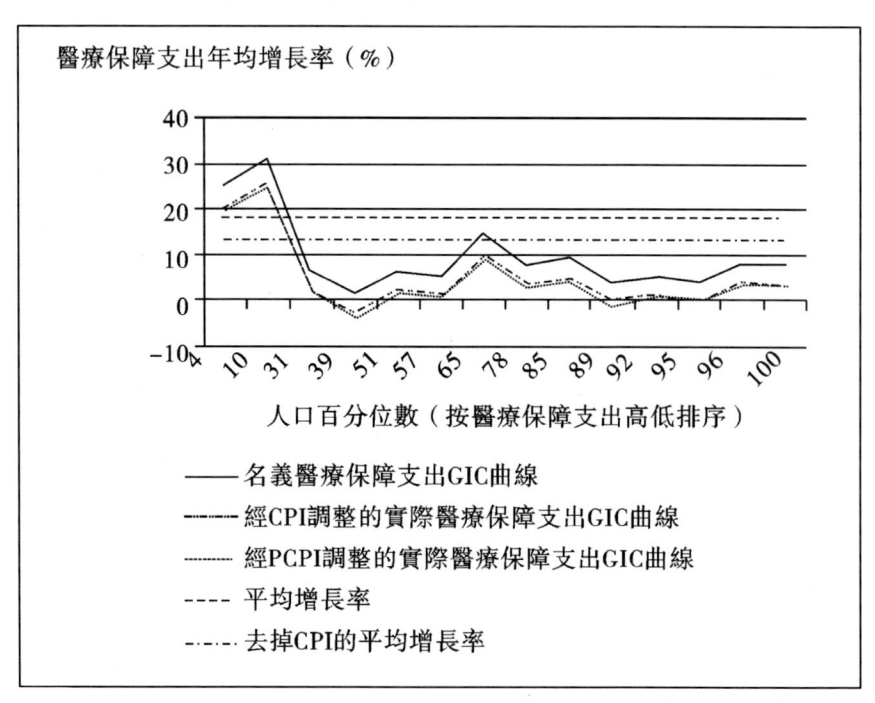

圖 4-7　2002—2014 年名義醫療保障支出 GIC 曲線以及經過 CPI 和 PCPI 調整後的醫療保障支出 GIC 曲線

（四）多維益貧式增長分析

表 4-13 顯示了在沒有考慮物價上漲因素的情況下，2002—2014 年，收入為 400 元以下組的人口的年均綜合福利指數增長率為 14.07%，收入為 5,000 元以上組人口的年均綜合福利指數增長率為 5.40%。經過 CPI 調整後不同收入組人口的綜合福利指數增長率都有明顯下降，收入為 400 元以

下組人口的年均福利綜合指數增長率下降至 9.57%，收入為 5,000 元以上組人口的年均綜合福利指數增長率下降至 1.24%。經 PCPI 調整後，各收入組的綜合福利指數增長率進一步下降。經過 CPI 和 PCPI 調整後的綜合福利指數，除了最低收入組（0~400 元）、次低收入組（400~600 元）和最高收入組（5,000 元以上）的綜合福利指數是正值以外，其他組均為負值，其中名義的、經過 CPI 調整的、經過 PCPI 調整的 0~400 元組綜合福利指數增長率或者等於或者大於平均增長率。

表 4-13　2002—2014 年不同收入組人口的綜合福利指數增長率　　單位：%

不同收入組	名義綜合福利指數平均增長率	經過 CPI 調整的綜合福利指數平均增長率	經過 PCPI 調整的綜合福利指數平均增長率
0~400 元	14.07	9.57	9.26
400~600 元	5.51	1.35	0.65
600~1,000 元	3.02	-1.05	-0.04
1,000~1,200 元	0.14	-3.81	-4.84
1,200~1,500 元	1.29	-2.71	-3.24
1,500~1,700 元	0.26	-3.69	-4.20
1,700~2,000 元	1.60	-2.41	-2.70
2,000~2,500 元	1.45	-2.55	-3.03
2,500~3,000 元	0.85	-3.13	-3.74
3,000~3,500 元	0.08	-3.87	-4.44
3,500~4,000 元	0.32	-3.64	-4.12
4,000~4,500 元	0.49	-3.47	-3.76
4,500~5,000 元	0.63	-3.34	-3.74
5,000 元以上	5.40	1.24	1.38
平均	14.07	9.57	9.58

從圖 4-8 來看，無論是沒有經過物價指數調整的名義 GIC 曲線還是分

別經過 CPI 指數和 PCPI 指數調整的實際 GIC 曲線均呈右下方傾斜。貧困人口的收入增長率大於非貧困人口的收入增長率，說明 2002—2014 年，新疆農村經濟增長無論在弱意義上還是相對意義上均是益貧的。

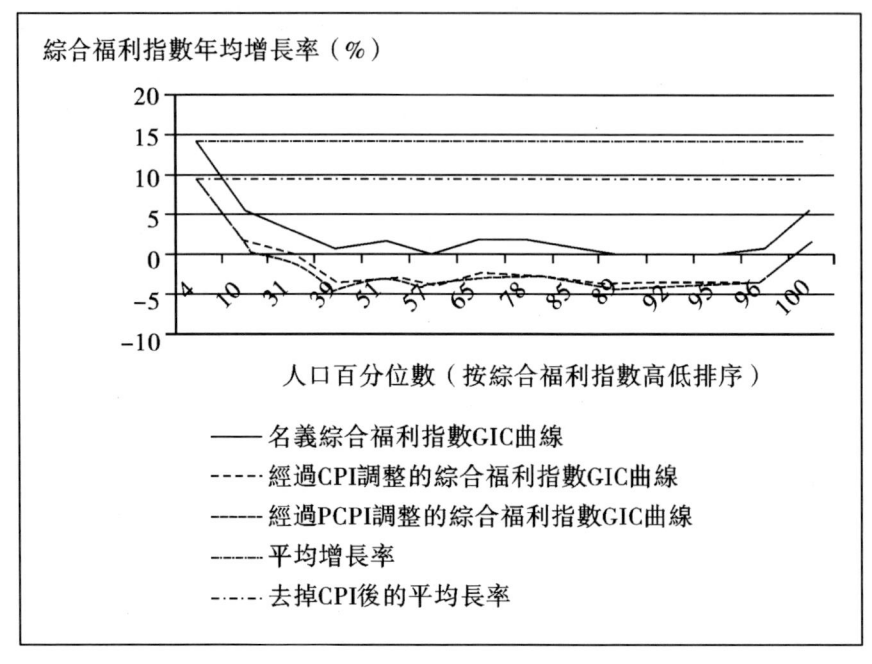

圖 4-8 2002—2014 年綜合福利指數 GIC 曲線
以及經過 CPI 和 PCPI 調整後的綜合福利指數 GIC 曲線

四、小結

（1）分析貧困人口經濟增長的益貧性時，建議將考慮不同收入群體消費結構的價格指數如 PCPI 指數作為縮減工具。分析結果表明，當不同收入群體的消費結構中食品類和非食品類消費權重大致相同時，利用 CPI 指數對收入增長率進行縮減才比較準確。但是由於新疆城鄉居民的食品類消費品價格上漲幅度要高於非食品類，不同收入群體的消費水平和結構差異較大，利用 CPI 指數縮減收入增長率將高估實際貧困水平和經濟增長的益貧

性。對新疆城鄉教育和健康的益貧式增長的分析也得出了類似的結論，即經過 PCPI 指數調整後的教育和健康實際增長率與經過 CPI 指數調整後的實際增長率相比，不同收入群體的實際增長率都有不同程度的下降。這說明利用 CPI 指數縮減收入、健康、教育增長率，不能真實反應新疆以食品類消費價格上漲為推手的物價上漲結構的不均衡性，而且會高估新疆經濟增長的益貧性。利用 PCPI 指數調整增長率更符合新疆城鄉實際情況。

（2）物價上漲尤其是食品類消費品價格的快速上漲，對城鄉尤其是農村收入貧困人口的負面影響遠高於非貧困人口。2002—2014 年，新疆城鄉食品類消費品價格上漲速度遠高於非食品類消費價格，農村高於城市。因此，對於新疆城鄉尤其是農村來說，以食品價格上漲為推手的物價上漲對收入貧困人口的不利影響遠超過了人們通過官方公布的 CPI 指數所看到的結果。由於貧困人口收入增長慢，恩格爾系數高，更容易受到食品價格上漲的負面影響。其中，農村居民所面臨的問題多於城鎮居民，因為他們面臨著實際收入的不升反降，更高的食品價格漲幅，更大的食品消費占比。但同為貧困人口，城鎮貧困人口的狀況更為惡劣，儘管其收入增長快於農村低收入人群，但是城市生活使他們面臨更大的教育、健康等支出壓力，並承載著城鎮內部分配不公的結果。最後要指出的是，食品價格上漲所帶來的更為深遠的負面影響在於：上升的食品價格擠占了原本可以從收入增長中獲得的其他的發展機會，比如教育、衛生等。食品價格上漲給貧困人口帶來更大的支出壓力的同時，還剝奪了窮人公平發展的機會。

（3）農村收入增長不具有益貧性，但是教育和健康增長具有較強的益貧性。分析結果表明，新疆農村最低收入人口的收入呈負增長，收入貧困人口沒有分享到經濟增長的成果。究其原因，主要是農村收入分配的不平等性不斷升高，在收入高度不平等的背景下，經濟增長帶來的好處更多地被農村地區內部的高收入家庭享用，而貧困人口很有可能被排除在市場機會之外，或者缺乏從經濟增長中受益的資源條件，無法從經濟增長中獲得收益。在這種情況下，即使農村經濟保持較高速度增長，高度的收入不平

等也會使減貧變得更加困難。

新疆各級政府按照「學有所教、勞有所得、病有所醫、老有所養、住有所居」構建和諧社會的總體要求，大力發展農村公共事業，不斷提高農村基本公共服務水平，讓低收入群體得到了更多的實惠。新疆農村低收入群體較多，九年義務教育的實施在提高農村義務教育普及率、降低文盲率等方面取得了突出的成績。始於2013年的南疆地區12年義務教育的實施為新疆沉重的人口負擔轉化為人力資源優勢做出了積極貢獻。此外，醫療衛生服務體系是健康保障的基礎，隨著基層醫療衛生服務體系和新農合制度的逐步完善，農村人口獲得了方便有效的醫療衛生服務。總的來說新疆農村教育、醫療衛生等公共事業的發展具有較強的益貧性特徵。

（4）在新疆農村不同收入群體之間，國民收入在初次分配和再分配過程中不斷向高收入群體傾斜，不利於中低收入群體增加收入。2002—2014年新疆5,000元以上收入組的名義收入增長率達到了8.32%，600元以下收入組的收入增長率為負值；分別經過CPI指數和PCPI指數調整後的5,000元以上收入組的實際收入增長率在4%以上，但是其他中低收入組的實際增長率為負值，即其實際收入不升反降。高收入群體的收入增速高於其他收入組，這意味著經濟增長對各收入群體的影響並非是均質的，而是更有利於收入相對較高的人群，中低收入群體並沒有從經濟增長中獲得收益。

與高收入群體相比，中低收入者消費傾向低。因此，高收入群體收入水平越高，收入增長速度越快，就越有利於增加社會儲蓄，而不利於消費。只有提高中低收入群體的收入水平，將低收入者越來越多地變為中等收入者，才能刺激消費增長。所以，調整農村收入分配結構，讓居民特別是中低收入群體增加收入是新時期新疆農村經濟益貧式增長戰略中的重要任務。

（5）城鎮收入增長具有較強益貧性，健康增長的益貧性較弱，教育不具有益貧性。無論是沒有經過物價指數調整，還是經過CPI指數和PCPI指數調整，新疆城鎮最低收入10%以下群體的收入增長率均大於其他收入群體，說明新疆城鎮經濟增長無論是在弱絕對意義上，還是在相對意義上都

是益貧的。消除物價上漲因素和物價上漲結構的影響，城鎮健康增長的益貧性在弱絕對意義上是益貧的，但是在相對意義上不是益貧的。而處於最低收入10%以下的貧困人口的教育支出增長率為負值，因此，教育支出增長率在弱絕對及相對意義上都不是益貧的。

近年來，得益於援疆建設和大規模的民生工程，隨著新疆城鎮經濟的快速增長，新疆城鎮低收入群體的收入大幅上升，其增長速度超過了其他收入群體，收入分配向低收入群體傾斜，新疆城鎮經濟增長和對窮人有利的收入分配相結合的發展戰略使得城鎮貧困程度有明顯下降。但是城鎮收入貧困狀況的好轉並沒有轉化為非收入福利的改善，城鎮健康事業發展益貧性較弱，而教育事業發展不具有益貧性特徵。究其原因，與中國教育和醫療衛生事業的改革背景密切相關。教育、醫療衛生的市場化體制改革給低收入家庭不斷地帶來衝擊，地區間教育和醫療衛生資源分配嚴重不平衡，使得教育貧困人口和健康貧困人口越來越難以充分享受到教育和健康進步所帶來的好處。

（6）物價上漲結構的不平衡對城鄉健康增長的益貧性影響不大。經過CPI指數調整後，與2002年相比，2014年新疆城鄉不同收入群體的健康平均增長率有了明顯下降。利用PCPI指數進一步調整後，城鄉健康平均增長率沒有明顯變化，說明食品類和非食品類消費品價格結構變化的異質性對城鄉健康增長的益貧性影響不大，表明城鄉不同收入群體對醫療衛生服務的迫切需求不因收入水平差異和食品類消費品價格上漲過快而有所變化。因此，新疆政府加大城鄉基本公共服務投入時，基本公共服務供給決策者應尊重城鄉居民需求，充分考慮不同群體需求差異，改變城鄉區域基本公共服務總量和結構差距不斷擴大的局面，推進基本公共服務盡早實現均等化。

（7）貧困人口的收入增長並不一定帶來其非收入福利方面的改善。對城鎮益貧式增長的分析表明，貧困人口的收入大幅增長，並不能保證其非收入福利也將大幅增長；而對農村益貧式增長的分析也表明，雖然低收入

群體的收入進一步下降，但是其非收入福利方面卻可能得到很大改善。因此對收入福利和非收入福利之間的關係不能持想當然的態度。本章研究結果表明，收入增長仍然是改善非收入福利的關鍵推手，但是與收入貧困的情況不同，經濟增長並非改善非收入貧困的必要條件。此外長期穩定的經濟增長可以促進非收入福利方面的改善。

（8）新疆城鄉經濟增長的減貧效果和反應不平等程度的基尼系數存在高度相關性，表明新疆多維貧困減緩與總體經濟增長之間並非是單向關係，即經濟增長並非先天有益於多維貧困減緩。多年來，新疆經濟持續保持較高速度增長，但是近年來農村低收入群體的收入、城鎮低收入群體的教育和健康的福利並沒有得到改善，主要是因為收入和非收入分配的高度不平等，其主要表現在城鄉之間、地區之間、農村內部之間的差距不斷擴大。收入和非收入福利分配的不平等將使經濟增長的減貧效果大打折扣，僅靠經濟增長並不能實現經濟增長的益貧性。本研究認為，經濟增長能夠自動惠及所有群體，絕對貧困會因此下降的涓滴理論在新疆減貧實踐中並不成立。而益貧式增長強調了公平的經濟增長模式，體現了基於提高居民的能力、消除社會排斥為主要手段的反貧困理念。這可以有效地防止新疆經濟陷入有增長無發展的「陷阱」。因此，改變經濟增長方式，提高經濟增長的質量，同時優化收入和非收入福利的分配格局將對窮人更有利，對減貧更有效。

（9）考慮物價因素，城鎮綜合福利指數增長的益貧性較弱，農村綜合福利指數增長的益貧性較強。考慮收入、教育、健康的綜合影響，構建綜合福利指數進行益貧式增長分析，發現城鎮收入增長具有較強的益貧性，教育和健康增長的益貧性不容樂觀；收入增長的益貧性並沒有促進非收入福利增長的益貧性。從總體來看，受城鎮教育和健康增長的影響，城鎮綜合福利指數增長的益貧性較弱。農村收入增長雖然不具有益貧性，但是教育和健康增長具有較強的益貧性，因此受這兩者的影響，農村綜合福利指數增長的益貧性較強。

（10）收入視角下，新疆農村減貧效果趨勢放緩是經濟增長質量不高和收入分配不斷惡化共同作用的結果。新疆經濟增長質量下降可以從以下幾個方面說明：農民人均收入和消費水平增長遠低於人均地區生產總值增長；農業部門增加值占地區生產總值比重、農業部門就業人數占總就業人數比重、農民人均純收入占人均地區生產總值比重、農業勞動生產率（農業增加值/農業就業人數）占全疆平均勞動生產率比重均呈下降趨勢，這在一定程度上對減貧產生了負面影響；農村就業機會不足；等等。農村收入分配不斷惡化，主要表現在城鄉居民在收入、消費、稅收、轉移支付、公共服務等方面的差距巨大；新疆不同地區、農村內部收入差距也不斷擴大。此外，自治區政府在制定新疆發展規劃上的不同側重，也是南北發展不均衡的關鍵原因。不斷擴大的收入差距意味著相對貧困的人口從經濟增長中沒能獲利或獲得的利益較小。就扶貧而言，扶貧開發帶來的好處可能更多地被貧困地區內部的中等甚至高收入家庭享用；而扶貧資源是有限的，非貧困人口所占比重越大，扶貧資源漏出的可能性也越大。

新疆經濟增長的減貧實踐表明，高速的經濟增長不能自動惠及窮人，低質量的、不利於低收入群體的經濟增長無法使低收入群體充分享受到發展的成果。在未來減貧過程中必須協調經濟增長和收入分配之間的關係，增強經濟增長的減貧效果。

（11）新疆經濟增長必須以更加益貧為目標，通過提高經濟增長的質量和降低收入、獲得醫療和教育的機會等方面的成果分配的不平等程度，確保貧困人口的人均生活水平得到改善。雖然新疆總體貧困水平得到改善，但是很多農村和城鎮地區的家庭處於或略高於貧困線的水平，很容易因為獲得醫療服務和教育的成本上升，或更普遍地因社會保障體系不健全而返貧。近年來由於糧食價格上漲及環境條件變化，城鄉貧困家庭變得更加脆弱。因此，對新疆而言，關鍵的問題是應充分認識到經濟增長有必要與醫療衛生、營養與教育等社會發展領域的成果相協調，確保經濟增長的質量不會因不平等程度的增加而削弱，並制定社會和福利等公共政策來盡量滿

足弱勢家庭的需求。為了尋求解決貧困群體的脆弱性和社會不平等問題的途徑，除了確保經濟增長的質量外，必須把公共政策作為關注的焦點，關注政府制定的公共政策是否有利於窮人並可持續，以及如何進一步完善公共政策。

（12）新疆未來實施益貧式增長發展戰略，必須考慮效率和公平之間的關係問題。從改革開放以來新疆經濟增長的減貧效果來看，新時期政府應對以經濟增長為導向的扶貧戰略進行調整，實施益貧式增長減貧戰略。益貧式增長強調收入分配向窮人傾斜。新疆發展相對落後，實施益貧式增長發展戰略，必須權衡效率和公平之間的關係。就新疆目前的發展階段而言，如果過早強調公平可能會影響效率（即增長），進而對脫貧產生相反作用。因此扶貧工作應把握好公平和效率之間的關係，循序漸進，保證減貧的可持續性。

第五部分　益貧式增長的實踐：來自亞洲國家的經驗

20世紀70年代和80年代亞洲國家成功的減貧實踐表明，高速的經濟增長、低的初始不平等和益貧式分配變動能夠十分有效地減少貧困（世界銀行，1993）。對20世紀80年代和90年代發展中國家樣本的貧困變動分析也表明，快速的經濟增長對減貧至關重要（Dollar and Kraay, 2002; Foster and Szekely, 2001; Kraay, 2006; Ravallion and Chen, 1997）。同時收入的不平等也影響著經濟增長的減貧速度，收入分配傾向於非窮人的國家的經濟增長帶來的減貧效果並不理想（Bourguignon, 2004; Ravallion, 1997, 2004）。

儘管我們一直關注經濟增長和不平等在減貧中所起到的作用，但是對宏觀經濟增長策略如何影響貧困家庭參與到經濟增長中並從中獲得收益的能力瞭解得很少。本章研究亞洲4個國家（印度、印度尼西亞、越南和孟加拉國）在經濟發展過程中，使窮人廣泛參與到經濟增長過程中的成功和不成功的實踐經驗，為中國如何實現益貧式增長提供可參考的思路和視角。

印度尼西亞在20世紀60年代到90年代中期，經濟增長伴隨著貧困程度大幅下降，該國在這段時期的突出表現得到了世界銀行等國際機構的認

可。它的經濟增長和減貧實踐經驗被認為是益貧式增長的典範。本研究分析印度尼西亞在經濟發展過程中如何成功使窮人廣泛參與到經濟增長過程中並實現益貧式增長的經驗，為發展中國家實施益貧式增長戰略提供可參考的思路和視角。

一、印度尼西亞的益貧式增長

（一）印度尼西亞的經濟增長、貧困和不平等

1945年印度尼西亞宣布獨立後，進行了四年反擊歐洲國家入侵的戰爭，直到1949年荷蘭向印度尼西亞移交全部主權後，印度尼西亞國內獨立的經濟建設才開始。1945年開始，印度尼西亞實施國家主導型工業化政策，但是由於技術、資金等條件的限制，計劃實施效果不理想，到1965年時GDP年均增長率甚至下降為0.95%。1965年由於經濟衰退和物價飛漲導致軍事政變。蘇哈托上臺執政後，起用大批技術官僚，致力於經濟發展，印度尼西亞經濟迅速恢復，到1968年時GDP年均增長率達到了12.03%。此後，印度尼西亞經濟一直保持持續增長。持續高速的經濟增長被認為是印度尼西亞貧困下降的主要原因。

20世紀60年代到90年代中期，印度尼西亞貧困發生率下降速度很快，從1966年的大約70%下降到90年代的15.1%。經測算，1950—1965年其益貧式增長率是2.37%，1965—1990年為6.56%。這一時期良好的外部環境促進了印度尼西亞的益貧式增長。在20世紀60年代後期，新的高生產率農業技術出現在世界上，此時正是印度尼西亞實施經濟策略和農村投資的時期。20世紀80年代外國直接投資大量湧入東南亞，這期間印度尼西亞正著手構建勞動力密集型和出口導向型的製造部門，因此外部環境對印度尼西亞的經濟發展極為有利。這段時期，印度尼西亞通過降低要素和產品市場的交易成本來整合宏觀經濟和家庭經濟，把兩個不同的經濟層面聯繫

在一起，採取了投資拉動的經濟增長策略和確保增長能惠及窮人的政策。窮人從經濟增長中獲得了很多收益，貧困快速下降。

20世紀90年代後期，亞洲金融危機暴露了印度尼西亞經濟的脆弱性，城市房地產和金融市場崩潰，盧比的貶值造成了大米市場的混亂，GDP的大幅下降（僅1998年就下降了13%）導致貧困率上升，2002年貧困率超過了1996年的水平。但是由於印度尼西亞農業經濟發展有堅實的基礎，農業部門吸收了大量的勞動力，緩解了危機帶來的影響。2000年以後，印度尼西亞經濟增長率相對穩定，2000—2012年GDP年均增長率在3.64%~6.35%之間波動，城鄉貧困發生率繼續下降，2012年貧困發生率為12.36%。

從反應收入不平等的基尼系數來看，20世紀90年代中期以前，印度尼西亞的基尼系數在絕大部分年份裡都在30%以下，收入不平等程度長期處於較低水平。20世紀90年代中期以後，印度尼西亞的貧富差距不斷擴大。從世界銀行提供的數據來看，1984年，印度尼西亞的基尼系數為30.47%，1999年降到29%；20世紀90年代中期以後，該指標不斷上升，2005年為34.01%，2011年達到了38.1%。20世紀90年代中期以前，印度尼西亞10%最富裕人口收入所占比重與10%最貧困人口收入所占比重之比一直在6左右波動；2000年以後，該指標不斷上升，2011年達到了9.56。

總的來說，20世紀60年代到90年代中期，由於印度尼西亞的經濟政策制定者一直試圖將窮人納入經濟增長過程中，經濟增長的減貧效果良好，貧困人口從經濟增長中受益頗多。這段時期，印度尼西亞快速的經濟增長與較低的收入不平等程度相結合極大地降低了本國的貧困發生率，實現了益貧式增長。20世紀90年代後期以後，由於受國際和國內各種因素影響，印度尼西亞的經濟增長速度放緩，收入不平等的程度升高，減貧速度放緩，這段時期經濟增長的益貧程度遠不如20世紀90年代中期以前。

（二）印度尼西亞實現益貧式增長的實踐

印度尼西亞是有意識地制定和實施益貧式增長策略的少數發展中國家之一。1967 年印度尼西亞開始實施益貧式增長策略，在減貧方面不斷取得進步。20 世紀 60 年代到 90 年代中期是印度尼西亞歷史上經濟增長最益貧的時期，這段時期印度尼西亞採取的措施主要有：

1. 加大對農村資金的投入，保持農業的快速增長

由於印度尼西亞 60% 以上的貧困人口生活在農村，印度尼西亞農業經濟的快速發展對貧困人口減少有著重大意義。蘇哈托政權對農業高度重視，採取了一系列措施，大力推廣現代農業技術，在全國推廣高產水稻和玉米、咖啡等農產品新品種，對化肥和農藥給予價格補貼，向農民提供低息貸款等。1980 年政府提供的化肥補貼為 6,800 萬美元，1988 年高達 5.5 億美元。在印度尼西亞，綠色革命帶來的新技術和對農村基礎設施的大量投資促進了 20 世紀 60 年代到 80 年代較高的益貧式增長率。1990 年，印度尼西亞政府規定，農業貸款比重應達到全國貸款總額的 20%。由於農業生產受自然條件影響很大，政府對農產品價格實行保護以穩定農產品價格，因此農民收入不斷提高。此外，印度尼西亞政府還大力投資農業基礎設施，大量的農村基礎設施建設使用的是勞動密集型技術，因為支付的工資比較低，所以工作機會自動瞄準貧困人口，自然而然增加了就業機會，窮人從而獲益。現代農業生產技術的實施、政府對農業的各項優惠政策以及對農村基礎設施的大力投資，使得從事農業生產的農村貧困群體獲得利潤更多，快速經濟增長伴隨著收入分配的改善，使得經濟增長變得更加益貧。

2. 非貿易經濟的繁榮

在 20 世紀 80 年代末至 90 年代初，印度尼西亞出口經濟繁榮，GDP 年均增長 7%，幾乎一半的經濟增長是由非貿易貨物和服務推動的。根據 Mellor（2000）的減貧模型，非貿易商品和服務的繁榮發展使得農村地區大量人口脫離了失業和貧困。20 世紀 80 年代，經濟結構調整導致了大量人口

失業，非熟練工人收入低下，但是由於農業經濟保持持續增長，勞動密集型出口快速增長，低收入群體的就業機會不斷增加，該國的貧困率持續不斷下降。20世紀70年代到90年代中期，農業、製造業和非貿易部門的繁榮時期是印度尼西亞現代經濟史上最典型的益貧式增長時期。

3. 宏觀經濟自由化改革

20世紀80年代初，印度尼西亞實施宏觀經濟自由化改革，通過稅制、貿易、投資和金融方面的經濟自由化的改革，印度尼西亞實現了出口導向型的工業化戰略。1989—1996年，印度尼西亞GDP年均增長6%以上。其中製造業增長最快，它在GDP中的比重由1985年的13%上升到1991年的20.9%；1986—1991年，製造業就業率增加了12.8%。經濟自由化改革改變了印度尼西亞的經濟結構和經濟增長模式，外資的大量流入推動了製造業的發展以及勞動密集型產品的出口。經濟的持續增長使得國家有更多的資金投入到社會發展領域，從而消除了大面積的貧困，提高了人民的生活水平。

4. 降低市場交易成本

印度尼西亞所倡導的經濟增長導向型的宏觀經濟政策刺激了私營經濟的發展。但是20世紀80年代以前，印度尼西亞私營經濟快速擴張的制度基礎並不到位，因此加強公共投資的措施被認為是必要的。除了70年代石油繁榮時期，印度尼西亞政府一直致力於投資基礎設施建設和促進私人企業的發展。對基礎設施的投資降低了市場聯繫的成本，創造了就業機會，提高了窮人的勞動生產率。實際上公共部門投資和管理的改進有助於降低交易成本，它把增長導向型的宏觀經濟政策和窮人廣泛參與市場經濟的機會聯繫起來。在印度尼西亞，基礎設施的投資主要用於道路、通信網路、市場基礎設施和港口以及灌溉和水利系統的建設。其中許多項目是勞動密集型的，這為沒有技能的勞動者創造了就業機會。較低的交易成本意味著更多的市場機會和快速的經濟增長，也意味著窮人參與市場經濟變得更加容易。

5. 發展基礎教育

蘇哈托政府的一些社會政策，如制定最低貧困線、發放食品券等有效地促進了減貧工作。在蘇哈托政府實施的一系列社會政策中，初等教育的普及對減貧產生了十分重要的影響。1974—1978年印度尼西亞大規模修建學校，試圖把資源集中在初等教育。1987年，印度尼西亞全國小學入學率達到了92%，其中農村小學入學率達到了91%。中小學教育的發展保證了貧困人口受教育的權利和機會，增加了窮人的人力資本，從而極大地減少了由於缺乏基本教育而導致的貧困。

印度尼西亞的經驗表明，即使是面臨制度脆弱、貿易不發達、基礎設施落後、社會發展滯後等問題，也能實現高速的經濟增長和貧困發生率的下降。蘇哈托時代的印度尼西亞把快速的經濟增長、向窮人傾斜的社會經濟政策相結合以確保經濟增長能惠及窮人。這個策略通過降低要素市場和產品市場的交易成本把宏觀經濟和家庭經濟整合在一起，從而把宏觀和微觀層面上的經濟聯繫起來。此外，對人力資本的公共投資和靈活、運作良好的勞動力市場擴大了貧困家庭參與市場經濟的能力。印度尼西亞益貧式增長的經驗提示我們，實現益貧式增長要求保持持續快速的經濟增長和實施向窮人傾斜的社會經濟政策，可採取的措施包括增加貧困人口參與經濟增長的機會、大力投資農業基礎設施建設和基礎教育、保持宏觀經濟穩定、完善勞動力市場等。

二、印度的益貧式增長

（一）印度的經濟增長、多維貧困和不平等

1947年印度獨立時經濟瀕臨崩潰。從1956年起，印度在連續幾個五年計劃中堅持實行優先發展重工業和基礎工業的經濟發展戰略，從而使印度形成了比較完整的民族工業體系和國民經濟體系，經濟獲得了一定程度

發展。20世紀50年代初期到70年代末的近30年間，印度經濟的年均增長率僅為3.5%。20世紀80年代，由於進行了經濟政策的重要調整，印度經濟的年均增長率提高到5.6%。

但是經濟調整也產生了一些不利影響，使印度經濟在20世紀80年代末和90年代初出現了嚴重危機。在國際貨幣基金組織等國際機構的幫助下，1991年上臺的拉奧政府在印度發起經濟改革，推動了印度經濟的自由化、市場化、全球化和現代化發展。印度GDP年均增長率從1991年的1.06%上升到1999年的8.46%。即使是在1997年發生在亞洲的金融危機時期，印度經濟增長仍然達到了4.05%。21世紀初，印度經濟處於低迷狀態，2000—2002年，GDP年均增長率在3.91%~3.98%之間波動。2003年以後印度經濟迅速恢復，除了2008年的金融危機使其經濟增長率為3.89%以外，GDP年均增長率均在8%及以上，2010年甚至達到了9.55%。由於瓦杰帕伊堅持經濟改革，2011年印度經濟的年增長率儘管有所降低，然而依然高於世界上大多數國家的經濟增長率，與世界發達國家經濟衰退的情況形成鮮明對比。

20世紀70年代印度的人均收入增長率為0.8%，而80年代和90年代為3.6%。在20世紀90年代，人均消費年均增長3%，貧困緩慢下降。按國家貧困線計算，由1970年的57.33%，持續下降到1990年的36.55%，這主要是因為80年代農業增長率比70年代高，且有穩定趨勢。1991年印度改革後加速減貧，印度經濟增長對減貧的積極作用明顯。然而，印度各地區貧困差異很大。1991—1993年旁遮普邦貧困率為21%，而比哈爾邦為66%，比哈爾在1958—2000年間貧困發生率均在60%以上。同一時期，克拉拉邦貧困率從60%下降到15%。各州在社會發展，如健康和教育方面差異也很大。1987—1988年北方邦的幼兒死亡率是克拉拉邦的6倍以上；1986—1987年12~14歲從未入學的農村男性兒童所占比重在印度為51%，其中北方邦為68%，克拉拉邦為1.8%（Sen，1998）。

印度經濟主要由工業和服務業拉動，1993—2000年印度GDP年均增長

為 6.7%，而農業僅增長 3.2%。20 世紀 90 年代各邦不同的經濟增長模式解釋了各邦經濟增長的巨大差異，主要有兩大原因影響了各邦減貧的程度：(1) 各邦初始的不平等程度，如信用市場、教育、土地產權等；(2) 由於經濟增長主要靠工業和服務業拉動，因此各邦初始文盲率也是影響益貧式增長的重要因素。

印度在健康、教育等方面發展相對滯後。1981 年，印度成人識字率僅有 40.76%，2006 年也不過 62.75%，遠低於 2000 年的世界平均水平 (81.84%)，也低於中低收入國家 2000 年的平均水平 (67.73%)。2010 年印度預期壽命為 65 歲，低於中低收入國家的平均水平 (66 歲)，相當於 20 世紀 80 年代末的世界平均水平。自 20 世紀 60 年代以來，雖然 5 歲以下嬰幼兒死亡率從 1960 年的 238.97‰ 下降到 2010 年的 62.7‰，但仍高於世界平均水平 (58.15‰)。

(二) 印度益貧式增長實踐

1. 土地改革

獨立初的印度失業和貧困現象嚴重，大量貧困人口集中在農村，且沒有土地。為減緩貧困，尼赫魯政府推行土地改革，消除中間人制度，進行租佃改革，理順土地所有權關係。雖然土地改革使得印度糧食產出有所增加，糧食價格下降，在一定程度上減緩了貧困，但是與中國、日本等許多東亞國家和地區土地改革的效果相比，印度絕大多數邦的效果並不好，甚至不如東亞經濟增長最慢的菲律賓。土地改革不徹底阻礙了印度農業經濟的發展以及農村貧困程度的下降。

2. 綠色革命

為了進一步解決印度的貧困問題，從第四個五年計劃起，印度在全國範圍內開始實施綠色革命，推廣農作物高產良種，提高農業機械化程度等。綠色革命有效促進了印度農業生產的發展，大幅提高了糧食產量。但是在綠色革命中土地多的大農受益最多，而大多數無地或少地的農民則沒有享

受到綠色革命的好處。因此，農村貧富差距繼續擴大。為此，20世紀70年代末80年代初，印度又調整了農業發展政策，根據各地不同的氣候條件，把綠色革命引向東部和南部，制定農業發展計劃和農村工業發展計劃，促進干旱區農業的發展，從而使印度貧困農民因農作物產量的增加而提高了收入。綠色革命也增加了就業機會，在產量高速增長的縣，與產量相關的每英畝就業彈性達到了0.87%。

3. 勞工法

勞動法是影響印度投資環境的重要因素（Stern，2001）。印度勞工法對企業的要求比較苛刻，1947年《勞資爭議法》為保護製造業工人的權利，對解聘、開除工人及關閉企業的條件進行了嚴格的規定。1976年、1982年分別對企業關閉做出了具體規定，這使得企業解雇工人十分困難，製造業企業不能根據生產經營需要靈活用工，從而提高了企業的勞動成本。在1960—1995年，許多東亞國家，製造業在GDP中所占份額增加了3倍，這些國家經歷了快速減貧的階段。但是在同一時期，印度的製造業在GDP中所占的份額僅從13%增加到18%。印度以製造業為主的工業發展滯後，無法吸納大量的勞動力，第一產業吸納就業有限；第三產業雖然發展很快且所占比重較大，在2006年達到了54.6%，但是該產業以信息產業尤其是軟件產業為主，主要吸納的是高素質的勞動力。這種狀況使得印度大量的貧困人口和非熟練工人無法順利就業，2000年以後各年份印度的失業率幾乎都在8%以上。總的來說，印度的勞工法不利於製造業的發展，阻礙了就業和貧困人口減少。

4. 提高教育素質

印度高等教育發展得很好，但是在基礎教育方面發展比較滯後，表明教育分配高度不平等。雖然憲法鼓勵各邦為14歲及以下的人群提供義務教育，但是一直沒有很好地實施，大量的低種姓群體和女孩仍然被排除在學校之外。因此，印度文盲人口廣泛存在，如信息產業這類有限的、比較活躍的部門的經濟增長成果很難被全民廣泛共享。2010年印度政府通過《免

費義務教育法》，規定對全體6~14歲兒童實行免費義務教育，保證所有兒童的受教育權利平等。該法案將對提高印度人口素質，增強印度綜合國力和競爭力產生深遠影響。

5. 地方民主和社會改革

眾所周知，公用設施的完善是社會平等和最低社會保障的基礎，而地方公用設施的有效管理則主要依賴地方政府是否存在高效率的地方治理機構。由於印度農村地方政府治理能力不足，印度地方政府對農村基礎教育和鄉村教師的監督和管理被證明效率低下（Sen，1998）。政治集權和嚴重的社會不平等，在印度政治參與中地方民主被長期忽略。這實際上是印度北方邦地方公共設施和建設落後的主要因素，也是導致北方邦的經濟落後和社會貧困的原因（Dreze & Gazdar，1996）。此外，由於村一級的民主機構薄弱，而貧困群體參與地方政治的能力以及普遍程度受到識字水平和基礎教育水平的限制。而實踐證明在基礎教育普及程度高的克拉拉邦，代表弱勢群體的公共組織和社會運動得到發展，其地方民主進程和社會發展也相對較快。

6. 改善性別不平等狀況

在印度，由於傳統觀念等因素，性別不平等現象十分嚴重，體現在社會各個領域，這使得女性無法積極參與到經濟增長過程中去。在印度的經濟發展過程中，女性的權利意識開始覺醒，並積極爭取自身權利。女性的受教育狀況和福利水平等得到了一定改善。

三、越南益貧式增長的實踐

（一）越南的經濟增長、多維貧困和不平等

1976年，越南實現了南北統一，從此全國進入社會主義建設時期，並在南北方統一實行效仿蘇聯的經濟高度集中的社會主義模式。到1980年，

越南南方90%以上的私人企業被沒收或合併，80%左右的土地被強行集體化，約1/3的城市人口被趕到條件十分惡劣的「新經濟區」。這一政策導致越南南方經濟迅速衰退。在20世紀70年代末80年代初，受國際政治軍事形勢的影響，越南出現了嚴重的經濟負增長，且蘇聯和其他社會主義國家對越南的援助開始減少，而當時越南的經濟基礎還沒有建立起來。到了1986年，越南的通貨膨脹率達到了775%，經濟幾乎走到了崩潰的邊緣，最終在80年代中期發生了嚴重的社會經濟危機。1986年越共六大召開，越南正式開始革新開放，效果十分顯著。根據世界銀行統計，越南1990—2006年的GDP年均增長率達到了7.7%，居世界前列。2008年全球金融危機之後，越南經濟增長速度放緩，2012年經濟增長率僅為5.2%，是2000年以來的最低水平，但仍高於同期世界上多數國家的經濟增長速度。越南人均國內生產總值從1985年的202美元（按2000年不變價）上升到2012年的986美元（按2000年不變價），正在從貧窮的國家向中等收入國家轉變。

　　越南的革新開放取得了巨大成就，被公認為是世界上除了中國以外建設社會主義最為成功的國家。根據世界銀行統計，20世紀90年代，越南實現快速經濟增長的同時，貧困發生率從1993年的58.1%下降到1998年的37.4%。其中農村貧困發生率下降了21.5個百分點，城市貧困發生率下降了將近16個百分點，下降幅度很大。進入2000年以後，城鄉貧困發生率仍然持續下降，但是下降幅度不如20世紀90年代。2012年，越南貧困發生率為17.2%，其中農村貧困發生率為22%，城市僅為5.4%。

　　革新開放後，越南在保持高速經濟增長的同時，其收入不平等水平也保持相對穩定。據世界銀行統計，1993年以後，除了在21世紀初越南的基尼系數有所上升，貧富差距略有擴大外，其他年份基尼系數均在35%~36%之間波動，與其他亞洲國家相比，貧富差距相對較低。由於越南不平等變動不大，這使得經濟增長的減貧彈性較高。越南貧困人口的變動對經濟增長越來越敏感，快速的經濟增長有效地降低了貧困程度，這無疑是越

南革新開放最成功的方面。

(二) 越南實現益貧式增長的實踐

越南在經濟增長和減貧方面的出色表現為發展中國家實現益貧式增長提供了有價值的參考，其經驗總結如下。

1. 土地改革

越南的貧困人口大多數集中在農村，且主要從事農業生產活動，越南土地分配改革是實現益貧式增長的重要內容。1988年越南進行土地分配，把土地使用權賦予農戶。1993年越南國會通過的《土地法》規定，在土地分配時把土地使用權證書發放給所有農戶，農民可以長期使用土地，期限長達15~50年，並容許繼承、轉讓、租賃、抵押土地所有權。到2000年為止，越南有110萬土地使用權證書被發放。越南的土地分配非常公平，各省土地使用權在最大範圍內被有效分配，農村貧困群體的收入來源趨於多樣化，窮人從土地分配改革中得到了實惠。

2. 對農產品貿易自由化

20世紀80年代以來，越南先後加入東盟自由貿易協定、亞太經濟合作組織，簽訂了多種雙邊貿易協定，並於2006年加入世界貿易組織。越南積極融入世界市場推動了稻米及其他農產品生產和出口的增加，對農村貧困人口減少有深遠的影響。稻米是越南傳統的占主導地位的農作物，越南政府對稻米政策實施了重要改革，採取一系列措施，如延長農民土地使用權、稻米出口自由化、放鬆稻米的內部貿易壁壘等使得越南國內稻米實際價格上升，農民的實際收入增加。與此同時國內放鬆了對化肥的進口管制，化肥價格下降，包括稻米在內的主要農產品產量和利潤率不斷提高，出口市場不斷擴大，刺激了農村經濟的發展，提高了農民的生活水平。

3. 私營經濟的發展

1991年越南政府頒布了企業法，新企業穩定增加。2000年政府對企業法修訂，新的企業法簡化了登記手續和發放許可證的程序，私營經濟迅速

發展。據統計，私人公司增加率從 1995—1999 年的 4%～5% 迅速上升到 1999—2001 年的 15%～30%。私營經濟主要集中在工業和服務業，這兩大領域很快成為經濟增長的主要力量和吸納就業的主要渠道。亞洲金融危機後，越南私營經濟繼續發展，工業和服務業領域非正式就業的大量增加在很大程度上提高了處於社會最底層的貧困群體的收入水平。

4. 健康和教育的投入

20 世紀 80 年代末和 90 年代初，越南改革初期土地生產力的快速提高不僅使得適耕土地變得稀缺，而且導致了土地嚴重退化。考慮到土地的相對稀缺性，越南加大對非熟練勞動力的培訓，大力投資人力資本。20 世紀 90 年代越南貧困人口的教育進步十分顯著，1993—2002 年最貧困人口的初中入學率增加了 4 倍，農村上升了 2.5 倍，而少數民族入學率從 6.6% 上升到了 48%。

5. 瞄準最貧困人口的減貧計劃

在減貧實踐過程中，越南政府意識到高速經濟增長仍然幫助不到最貧困的人口，很早就制定了惠及最貧困人口的政策，主要包括公共投資計劃（PIP）、消除饑餓和貧困的特殊國民計劃（HEPR）、針對社區級投資的 135 計劃、少數民族特殊計劃等。這些計劃的實施極大地推動了該國的扶貧進程。

6. 宏觀經濟和制度改革

隨著市場經濟的推行和私有產權的實行，越南政府認識到革新開放的基礎是宏觀經濟的穩定。1989 年，越南實施了廣泛的經濟穩定政策，包括價格完全自由化，越南盾貶值，約束預算，稅收體制的重建，金融部門改革，等等。越南改革效果十分顯著，同年通貨膨脹率下降了 35%，經濟增長率上升到 8%。在整個 20 世紀 90 年代越南通貨膨脹率年均增長率保持在 3.7% 左右，越南恢復了在世界市場上的競爭力。

越南在 20 世紀 90 年代實現益貧式增長的成功經驗展示了一個貧窮的社會主義國家在短短 20 多年內脫離極端貧困的過程，表明了從計劃經濟到

市場經濟的轉型不需要以經濟增長的下降和貧困程度的上升為代價。

四、孟加拉國

（一）孟加拉國的經濟增長、多維貧困和不平等

孟加拉國人口密度高、經濟脆弱、資源匱乏、自然災害頻發。1971年獨立後，這個國家就陷入了社會動亂、經濟秩序混亂和獨裁統治中，貧困發生率達到了74%，普通民眾生活極端貧困。孟加拉國經濟增長的一個典型特徵就是波動性大，主要是因為該國的經濟增長受自然災害以及其他不可預測因素的影響很大，經濟增長的不穩定性給減貧工作帶來了很大困難。20世紀80年代孟加拉國年均GDP變動的系數達到了29.5%。20世紀90年代，該國政府採取一系列措施，如提高抵禦自然災害的能力、發展農業和非農業經濟等，使得經濟增長的波動性下降，年均GDP變動的系數下降為8%，減貧速度加快。據世界銀行統計，孟加拉國人均收入增長率從20世紀80年代的2.2%上升到90年代的3%，同期年均貧困下降率從0.6%上升到2.4%。與此同時不平等程度略有上升，城市基尼系數從1991—1992年度的33%上升到2000年的44%，同期農村基尼系數從27%上升到36%，但在亞洲國家仍屬於較低水平。不過這段時期被認為是孟加拉國的益貧式增長時期。

（二）孟加拉國益貧式增長的實踐

20世紀80年代，孟加拉國的減貧速度受到經濟增長的不穩定性、財政赤字以及自然災害的影響而減緩。20世紀90年代，政府大力投資農村基礎設施建設，自然災害造成的破壞得到控制，減貧速度加快。這段時期孟加拉國國內穩定的宏觀經濟和政治環境使得該國能夠利用公共財政支出進行益貧式增長改革。政府在計劃生育、基礎教育、產婦保健、兒童免疫接種

等衛生保健服務等方面制定的政策的可持續性進一步促進了該國經濟增長的益貧性。

20世紀90年代孟加拉國在宏觀經濟政策、農業政策、農村要素市場實行的改革提高了窮人參與經濟活動的能力。據世界銀行統計，由於國家在農村基礎設施和社會領域方面實施有利於窮人的公共投資政策，孟加拉國經濟增長率從20世紀80年代的3.7%上升到90年代的4.8%，貧困發生率加速下降。20世紀90年代孟加拉國通過公共轉移支付加強安全網建設以提高自然災害的預防能力，給最貧困人口提供食物補貼，鼓勵農民參與非農業生產以促進農民收入多元化，從而使貧困人口更好地應對外部衝擊。可以說20世紀90年代孟加拉國較好的減貧效果主要得益於對窮人有利的政策干預。但是孟加拉國的經濟增長策略偏重城市經濟發展，重點發展非農業部門，從國家層面上來看這在一定程度上削弱了減貧的效果。

孟加拉國主要採取的以下政策組合實現了益貧式增長：

1. 宏觀經濟政策

20世紀90年代，孟加拉國宏觀經濟穩定性、開放性、與貧困發生率下降相關的財政支出政策促進了該國的益貧式增長。孟加拉國的宏觀經濟政策的特點有：(1) 宏觀經濟穩定性。20世紀90年代孟加拉國的宏觀經濟政策實現了較低的通貨膨脹、穩定的匯率和較低的經常帳戶赤字。通貨膨脹率從20世紀80年代的10.3%下降到90年代的5.6%。80年代末財政、貨幣和匯率管理明顯改善，為90年代較高的增長率奠定了基礎。(2) 經濟開放性。20世紀90年代以前，孟加拉國有著豐富而廉價的勞動力資源，而國內貿易和匯率管制扭曲了產品和要素市場，勞動力資源沒有得到充分利用。20世紀90年代該國實施經濟開放政策，實現了貿易和外匯體制自由化，出口貿易年均增長11%，從而刺激了經濟增長，並產生了大量的就業機會。(3) 公共財政支出。孟加拉國20世紀80年代財政赤字較高，到80年代末陷入財政危機。20世紀90年代面對國外援助的減少和財政收入不足，該國實施合理而謹慎的財政政策，公共資源主要用於能夠減少貧困人

口的部門和領域,如農業基礎設施建設和人力資本投資。(4)農村基礎設施發展。在 20 世紀 70 年代孟加拉政府政策主要關注洪水、灌溉和排水工程,20 世紀 80 年代孟加拉國絕大部分的公共開支集中用於農業發展,而對農村基礎設施關注較少。然而到了 20 世紀 90 年代,對農村基礎設施包括道路、橋樑等的建設成了孟加拉國農村發展戰略的重要內容。20 世紀 90 年代以來以農村基礎設施建設為主的農村發展戰略促進了孟加拉國農業、非農業產出的增長。(5)基礎教育和中等教育。20 世紀 90 年代以來,孟加拉國十分重視基礎教育的發展,教育支出比重從 20 世紀 80 年代早期的 8% 持續上升到 20 世紀 90 年代末的 16%;公共教育支出從初等教育逐漸轉移到中等教育,中等教育在教育預算支出中所占的份額從 36.8% 上升到 48.5%。包括對公共資源的持續投入、在服務提供方面與非政府機構建立良好合作關係,以及對教育提供補貼以支持貧困家庭和女童教育在內的三大公共政策推動了基礎教育和中等教育的發展。

2. 農業經濟發展

孟加拉國在這方面採取的措施主要包括:(1)提高應對自然災害的能力。孟加拉國自然災害頻發,洪水和干旱影響了農作物的收成,造成了糧食價格的異常波動和工作機會的減少。1988—1998 年孟加拉採取措施應對自然災害,通過增加窮人在非正式經濟和非農業部門中的就業機會,增加洪水頻發地區干燥季節的糧食生產,完善宏觀經濟層面上的災害處理機制等減緩自然災害造成的損失。(2)綠色革命。獨立後孟加拉國政府應用農作物高產技術,改善灌溉設施,放鬆對農業投入(如化肥等)的管制,增加農作物多樣化種植。農業改革對孟加拉國農業部門的發展產生了積極的作用。(3)改善市場條件和發展對窮人有利的農村經濟。20 世紀 90 年代,孟加拉國的農業投入要素市場發生了很大變化,由於先進灌溉技術的實施和農作物多品種化,耕地不斷增加,促進了農業部門的發展。20 世紀 90 年代早期由於政府對農業投入管制的放鬆,私人部門積極投資用於地下水灌溉的設施,水資源市場發展迅速,窮人和小農使用灌溉水更加方便和便宜。

與此同時，該國非農業經濟的發展吸引著農村剩餘勞動力向非農業部門轉移，提高了這部分群體的收入水平。

3. 制衣業的發展

制衣業是孟加拉國最重要的製造業，也是國民經濟發展的主導產業。20世紀80年代早期制衣業的快速發展對孟加拉國的就業、減貧乃至整個國民經濟的發展做出了巨大貢獻。孟加拉國1984年製造業出口大約僅有4%，而20世紀90年代則增加到75%。到20世紀90年代中期，孟加拉國大中型製造業雇用了40%~50%的勞動力。由於制衣業集中了大量的貧困人口，他們的消費傾向於由非正式、非貿易部門提供的產品和服務，因此制衣業的發展也間接促進了孟加拉國服務業和其他非貿易經濟的發展。

五、小結

亞洲四個國家的案例表明益貧式增長可以在不同背景下發生，孟加拉國、印度尼西亞的經驗表明即使是面臨制度脆弱、貿易不發達、基礎設施落後、社會發展滯後等問題，也能實現高速的經濟增長和貧困程度的下降；越南案例表明在良好的初始條件下，通過制定經濟政策挖掘城鄉地區的經濟潛力有助於有效脫離極端貧困。

越南開始於20世紀80年代的革新開放時期的經濟增長對促進經濟結構轉變、降低貧困發生率十分有效。越南益貧式增長的成功經驗主要在於創造了惠及城鄉低收入勞動者的就業機會，勞動者從土地改革、貿易自由化、有利的國際市場環境以及日益密切的城鄉經濟增長中獲得好處。經濟和制度改革促進了私人部門及非農業部門經濟的快速增長，從而在工業和服務部門產生了大量的正式和非正式就業機會。在國內私營企業的發展、基礎設施的投資以及地方政府的改革策略方面都應更加關注慢性貧困，以確保益貧式增長。

蘇哈托時代的印尼將快速的經濟增長、投資以及向窮人傾斜的政策措

施相結合以確保經濟增長能惠及窮人。這個策略通過降低要素市場和產品市場的交易成本將宏觀經濟和家庭經濟整合在一起，從而將宏觀和微觀層面上的經濟聯繫在一起。此外，人力資本的公共投資和靈活的、運作良好的勞動力市場加強了貧困家庭參與市場經濟的能力。

印度獨立後各邦的減貧狀況依賴於經濟增長率、政策機制和初始狀態，因為不同邦有著不同的政策和不同的初始狀態，那些具有良好的商業投資環境、積極拓寬融資渠道、加大人力資本的投資的地區將更能取得減貧效果。

孟加拉國獨立之初發展前景十分暗淡，但是20世紀70年代以後貧困發生率下降很快，農村和城市（尤其是農村）社會進步取得很大成就。對農村地區的基礎設施和安全網的投入提高了該國應對自然災害的能力。20世紀90年代非農業產品出口的快速發展減少了貧困人口。

案例研究表明，在政策實施過程中，將經濟增長和收入分配對減貧的作用完全分開是不可能的，絕大多數的政策同時產生了經濟增長和收入分配方面的影響。從政策角度來看，更值得關注的問題是，貧困家庭如何參與到經濟增長中，主要渠道是什麼，什麼樣的政策和初始條件能更有效地幫助更加貧困的家庭享受經濟增長的好處。

案例研究提供了以下幾個促進益貧式增長的政策經驗。

1. 增加貧困家庭參與經濟增長的機會

家庭能夠從三個主要渠道參與到經濟增長中：就業、轉移支付（來自公共和私人的資源）、投資回報。之所以關注就業，是因為就業收入是家庭總收入的重要組成部分，尤其是貧困家庭的收入主要來源於就業。當政府政策與良好的外部條件相結合，能夠提供更多的就業機會給貧困家庭，就會實現益貧式增長。人均GDP相對較低的國家絕大多數的就業集中在農業部門。隨著農業部門生產率上升，非農業生產活動擴張，勞動力從農業部門轉移到更具有吸引力的工業和服務業的非正式和正式就業，此時便為益貧式增長提供了重要渠道。

2. 促進農業經濟發展

亞洲國家的案例表明農業對經濟增長和貧困發生率下降有著重要影響。在越南、孟加拉國、印度尼西亞，農業出口和化肥進口貿易自由化促進了益貧式增長。而在孟加拉國和印度，非農業經濟的發展能夠促進經濟的快速發展，但通常以犧牲窮人的利益為代價。通過旨在提高農業勞動生產率的綠色革命實現農業經濟增長，同時對農村勞動密集型基礎設施進行大力投資，才能提高農民收入，實現有效減貧。否則即使是農業經濟增長了，但是貧困仍然沒有減少。在印度尼西亞，綠色革命帶來的新技術和對農村基礎設施的大量投資促進了20世紀60年代到80年代較高的益貧式增長率。1984—1996年印尼的農業經濟增長解釋了貧困發生率下降四分之三的現象。而在越南，1993—1997年71%的脫離貧困的勞動者均從事農業。

20世紀90年代，四個國家採取的四項政策干預有助於提高貧困家庭的農業收入：（1）通過大力投資農村基礎設施以改善市場准入情況，降低交易成本；（2）加強土地改革；（3）設計所有農民都有好處的激勵框架；（4）向廣大小農生產者提供技術支持，提高貧困人口應對危機的能力。在那些通過農業收入增加提高窮人收入的國家，這些政策在不同層面上執行。而且，因為不同的初始條件和其他影響因素，並不是所有的政策在加強貧困人口參與經濟增長的能力上效果都是一樣的。

在印尼和越南部分地區，改善市場准入情況和降低交易費用以增加極端貧困農民的農業收入十分重要。Timmer（2006）在研究印尼的益貧式增長時認為，公共領域的投資和監管的改善能夠降低交易成本，將增長導向型的宏觀經濟政策和讓窮人廣泛參與到市場經濟中的政策緊密結合起來，這樣這些國家的市場准入變得更加方便。

加強土地產權的改革有助於增加越南高價值農作物的多樣化和產量的提高。越南1988年取消土地集體化，1993年的土地法規定把證書發放給農村家庭以刺激農業生產的集約化以及高附加值作物的多樣化。在印度，繼續限制土地租賃市場以保護土地所有權，使得小農（尤其是婦女和無地

者）租賃土地變得更加困難和昂貴。在印度尼西亞，農村不透明的土地管理體系和土地分配嚴重阻礙了農業收入的增加，尤其是對貧困的農民（Deininger & Zakout，2005）。

　　構建使所有農民都受益的激勵框架是越南結構改革的重要部分，在20世紀90年代貿易自由化和土地改革促使越南快速成為大米和咖啡的主要出口國。補貼和保護是印度和印尼農業生產的特點；在印度尼西亞，大米進口關稅抬高了大米生產者的價格（許多生產者是小農和貧困農民），小農從中受益極大，從而減緩了貧困（Keefer & Khemani，2003）。

3. 創造非農業生產和城市就業機會

　　在孟加拉國、印度和越南，非農業部門增長的減貧效果顯著，非農業部門促進了城市工業和服務業部門經濟的快速增長，而推動農村和城市貧困家庭參與非農業就業是促進益貧式增長的策略。在越南，貿易自由化和出口促進了勞動密集型製造業的發展，此外高速的農業增長拉動了國內需求，增加了非農業就業和城鄉貧困家庭的收入。

　　四個國家的案例強調了四個政策選擇以促進貧困家庭的非農業收入的增加：改善投資環境；設計規範的勞動力市場，創造就業機會；提高基礎教育和女性的教育水平；增加基礎設施建設。

　　(1) 改善投資環境刺激了經濟增長，促進了正式部門規模的擴大和正規就業機會機會的增加。越南投資環境的改善、貿易自由化以及對製造業的激勵政策，極大地提高了製造業非熟練工人（尤其是女性）的就業機會。(2) 設計規範的勞動力市場為勞動者創造就業機會，有助於增加窮人的非農業收入，尤其是在經濟高速增長的國家。勞動力市場通常旨在保護勞動者的利益。印度尼西亞在蘇哈托時代勞動力市場高度的靈活性促進了勞動密集型產業的增長和就業機會的增加。而1997年亞洲金融危機後，由於正式部門（即指有正規營業執照、向國家納稅，並具有正式法律地位的經營單位）的工資高於非正式部門（即指組織水平低，作為生產要素的勞動力和資本之間基本沒有或沒有分工，生產規模小的經營單位），由工會推

动的最低收入增长促進了非正式部門的就業機會的增長。（3）擴大基礎教育以及女性教育的覆蓋面對非農業經濟增長十分重要，也有利於貧困家庭參與非農業經濟增長過程。印度不同邦貧困人口的教育匱乏降低了經濟增長以及經濟增長的減貧效果，女性文盲率對減少貧困人口尤其重要，在印度女性文盲率是造成非農業增長減少、貧困州際之間差異的重要因素（Ravallion and Datt 1996）。（4）加大基礎設施建設（尤其是道路和電力）使得農村地區、小城鎮及大城市聯繫更加緊密，同時伴隨著高速的非農業經濟增長，推動了孟加拉國、越南和印度農村非正式部門就業機會。因此通過改善基礎設施建設來改善市場准入情況，對高密度人口農村地區和小城鎮的電力和教育的投入，可以提高窮人的非農業收入，從而實現益貧式增長。

4. 實施穩定的宏觀經濟政策

在穩定的宏觀經濟環境下，金融危機和社會政治危機發生的可能性大大降低。國家案例表明一些宏觀經濟政策對實現益貧式增長十分有效。孟加拉國和越南的案例說明低通貨膨脹率和低財政赤字為實現益貧式增長創造了良好的環境，通過貿易自由化和貨幣貶值實現經濟開放以吸引外資和促進出口，創造更多的就業機會，從而實現經濟增長和貧困發生率下降。目前對保持低財政赤字是否合理仍然存在爭議，但是孟加拉國的案例表明高財政赤字對窮人尤其不利；而印度尼西亞、印度和孟加拉國的案例表明政府將財政支出投資於人類發展和基礎設施則有利於益貧式增長。而孟加拉國和印度的案例表明如果公共支出除了通過財政赤字還可以通過其他渠道獲得，其使用將更加有效。

5. 提高窮人應對危機的能力

雖然以上介紹的政策使貧困人口能夠有機會參與到經濟增長過程中，但是一些群體由於疾病、年齡、受歧視、自然災害等原因無法參與其中，這就需要通過政府轉移支出和安全網給予支持。轉移支付通過對增長紅利進行再分配使特定貧困群體獲得收益，而安全網適用於因為自然災害等原

因處於短期貧困的群體；主要渠道是通過資源或收入的再分配使窮人脫離貧困以及幫助貧困家庭提高應對危機的能力，而應對危機最有效的措施是建立窮人負擔得起的社會保障體系。孟加拉國通過提高農民應對危機的能力促進了高產農業技術的推廣，而對防洪基礎設施和洪水季節安全網的投資以及灌溉水市場的改革減少了孟加拉國糧食產量和價格的波動，促進了孟加拉國農民收入的增長和收入渠道的多樣化；而印度尼西亞則因為缺乏安全網導致該國在金融危機中遭受了重大損失。

這幾個國家如何在經濟增長和發展中兼顧效率和公平的經驗和教訓，對新疆實現益貧式增長構建和諧社會的政策制定也具有重要的啟示和可借鑑之處。這些亞洲國家之所以能夠在經濟發展中避免收入差距過大，一個主要原因是它們選擇了一種使得社會各群體都能夠較為均等化地參與增長過程並分享增長成果的增長模式。亞洲國家的益貧式增長政策經驗說明，將快速的經濟增長、較低的不平等以及對窮人有利的收入分配相結合能夠實現快速減貧。實現益貧式增長並沒有一個一成不變的模式，一個國家或地區的初始發展條件、有效的政策干預以及外部環境的變化影響著經濟增長的減貧模式。對於不同的國家和不同的經濟增長時期，貧困減少對經濟增長的敏感性也各不相同，有必要根據本國國情採取相應政策以提高窮人參與經濟增長過程中的能力。這要求政府有意識地發展窮人賴以生存的經濟部門，制定有利於窮人的社會經濟政策，使窮人從經濟增長中獲得最大收益。

新疆自 1986 年開始有組織地實施大規模的以經濟增長為導向的扶貧開發工作，通過區域發展刺激經濟增長以實現貧困發生率下降。新疆的減貧實踐表明，20 世紀 90 年代以來，單純以經濟增長為減貧手段的效果並不理想，主要原因是新疆的經濟增長的質量下降，在經濟增長的同時，收入分配的惡化降低了經濟增長的減貧效果。許多學者提出新時期中國的扶貧工作應從經濟增長為導向的扶貧戰略向益貧式增長為導向的扶貧戰略過渡。在保持持續高速的經濟增長的同時，關注窮人收入分配的改善，以提高新疆經濟增長的質量，使低收入群體從經濟增長中真正獲得實惠。

第六部分　新疆多維益貧式增長的實現路徑

雖然新疆在減少收入貧困方面取得重大成就，但是本書實證研究表明，2002—2014年，農村經濟增長不具有益貧性。城鎮益貧式增長情況也不容樂觀，雖然其收入益貧式增長情況相對良好，但是教育和健康益貧式增長情況不理想。

新疆的實際情況表明實現非收入維度益貧式增長僅靠經濟增長是遠遠不夠的。Sen（1998）認為各個國家和地區在經濟發展過程中所選擇的經濟增長模式差異很大，雖然採取的經濟政策各不相同，但是在社會政策方面有很多共同點，尤其是在擴大基礎教育和醫療保健方面。亞洲國家的經驗和教訓似乎告訴我們市場開放的重要性，但實際上除了開放市場外，推廣教育、建立合理的醫療保健制度、進行廣泛的土地改革、促進經濟增長等都是促進益貧式增長的重要手段，因為它們更容易創造由經濟擴張帶來的就業機會。亞洲減貧的經驗表明，在減貧方面，政府發揮了巨大作用，投入了大量資金用於減貧，如越南、印度等發展中國家投入大量資金用於貧困人口的食品發放，改善居住條件。除了政府直接投資給貧困人口外，各國政府還通過實施一些公共政策達到減貧目標，如越南增加了對貧困人口的技術培訓；印度則實施了《農村就業保障計劃》，為農村勞動力提供就

業方面的技能；另外越南政府對在貧困縣內投資建廠的企業實行企業所得稅、土地租金減免和發放當地工人技能培訓補貼等優惠；印度各級地方政府則推出減免農業用電費用、發放化肥、農藥補貼等扶貧惠民政策。

貧困是多維的，那麼新疆益貧式增長策略也應該是多元的。新階段，新疆的貧困治理將是經濟增長-基本公共服務均等化-貧困治理三位一體。與發達地區相比，新疆社會經濟發展比較滯後，經濟增長仍然是減貧的強大動力。同時，分配機制對貧困治理也有著重要影響，它關係到經濟發展的起步問題和經濟增長成果的分配問題。

新疆應借鑑亞洲國家的經驗，結合新疆的發展實際，通過以下路徑實現多維益貧式增長。

一、提高貧困人口的勞動參與率，實現增長的益貧性

(一) 促進經濟增長和就業

經濟改革中，新疆農牧業的連年增長和有效的社會援助使農牧民家庭獲得了基本的食品保障。促進增長的主要因素是，農村經濟體制改革下農牧民生產積極性和創造性的發揮，以及政府對農牧業基礎設施和技術支持系統的持續投資。同時，在基礎教育、基本醫療保障、信息服務、生活能源和飲水設施改造方面，農牧人口都得到了中央和地方財政的支持。這些公共投資和社會援助不但有減貧的效果，還全方位地改善了農牧民家庭的福利。可見，以公共產品和服務供給的形式援助貧困地區和弱勢群體的方式，實質上是一種投資取向的收入再分配。這種分配方式之所以在新疆得以實現，一方面是由於中央政府和其他發達地區的財政資源轉移，另一方面是因為中央政府的對外信息披露制度，無形中將受援地區政府履行公共職能的狀況置於外在監督之下。不過，農牧民收入的長期增長，還有賴於非農牧業就業崗位的創造。這就對公共服務的供給提出了新的要求：就業

導向的人力資源促進和農牧民創業支持服務。在市場經濟條件下，提高農牧民的創業和就業能力，可以說是保障農牧民人口參與並受益於社會經濟發展的關鍵。

1. 重視初次分配，把重心放在經濟增長和就業上

從理論上來說，經濟增長是解決就業問題最根本的途徑。雖然新疆的經濟增長速度較快，但是經濟增長帶來的就業機會遠遠滿足不了就業需求，因為就新疆目前的發展階段來看，應通過大力發展勞動密集型產業吸納就業人員，但是當前拉動新疆經濟增長的是以資本密集型產業如石油、煤炭開採加工等為主的第二產業。2014年第二產業對新疆地區生產總值的拉動貢獻為5.4%，高於第一產業的1.0%和第三產業的3.6%。新疆第二產業隨著資本有機構成的不斷提高，其吸納就業的能力下降，同時行政和事業單位改革的不斷深化使得吸納就業的渠道更窄，而新的就業渠道和領域還沒有充分開拓出來。快速的經濟增長難以有效解決城鎮貧困問題。此外新疆南疆地區和北疆的高寒貧困牧區的農業人口迫於生活壓力向周圍城鎮轉移，但由於受教育程度較低和缺乏技能，只能從事低收入行業，甚至無法就業，從而使得城鄉就業問題更加嚴重。

新疆在發展過程中應處理好經濟增長和收入分配之間的關係，應注重初次分配的作用，重視經濟增長與就業創造，避免過於強調再分配而忽視增長的做法。就新疆的發展階段而言，新疆需要強調經濟增長的核心地位以及增長過程中初次分配的重要性。初次分配中產業發展階段可參考前述亞洲國家的成功經驗，通過促進貧困地區勞動密集型產業和中小企業的發展解決就業問題。新疆貧困地區發展水平較低，資本相對缺乏，但勞動資源相對豐富的要素稟賦特點還沒有改變。因此在生產領域，應遵循比較優勢的原則，在貧困地區發展勞動密集型產業和資本密集產業中勞動相對密集的產業。因為在目前的發展階段，只有確立這樣的生產模式，才能促進經濟的快速增長，創造更多的就業崗位，使工資水平增長速度快於資本報酬率，從而有效縮小收入差距減少貧困，在生產領域的初次分配中實現效

率和公平兼顧的目標。只有經濟增長、產業吸納就業能力增強，創造出更多的就業崗位，促進貧困地區農村勞動力轉移，城鄉、地區之間的貧富差距問題才能得到更好的解決。

2. 加強以促進就業為導向的人力資本投資政策

就業是貧困人口擺脫貧困的主要出路，而健康和教育是影響勞動力就業的決定性因素。城鎮企業技術不斷革新以及新市場的不斷開拓使得眾多企業招工對受教育程度都有一定要求，這一要求對許多城鎮貧困群體來說是難以逾越的門檻。因此對貧困群體扶貧的目標應擴展到幫助他們獲得健康和教育機會的層面上來。從國家和新疆政府對貧困群體健康和教育的投資力度來看，目前的主要問題已經不是政府是否投資人力資本的問題，而是如何進行投資、如何進行有效管理、如何能夠保證城鎮貧困群體獲得收益。因此有必要從制度上規範相關行政管理機構的行為，遏制項目管理者以及健康和教育服務提供者的自利動機，防止公共資源分配中的腐敗，把公共資源有效地傳遞到政策瞄準的群體，從而減輕低收入群體家庭的教育和健康支出負擔。幫助貧困地區農牧民獲得非農牧業熟練工作崗位的根本措施，不是動用行政力量扭曲勞動市場，而是促進人力資源的發展，提高本地農牧民的創業和就業競爭力。這就要求對公共服務供給進行如下調整：

第一，提高農牧區基礎教育和基本健康服務的公共投資質量。新疆貧困地區的基礎教育和健康服務質量較差，服務利用率低，若要通過提高教育和健康服務利用率來改善農牧民家庭的人力資源，關鍵還在於以提高服務質量為目標，改進服務供給者的激勵機制。

第二，以貧困地區現有的青壯年勞動力和新增勞動力為對象，建立非農牧業就業導向的技能培訓和信息服務機制。在經濟全球化的環境中，無論是把握高層次還是低層次的就業機會，都離不開教育和技能培訓這個前提。為了徹底解決貧困問題，就必須在重視一般教育的基礎上，強化以就業為目標導向的職業教育和勞動者技能培訓。

第三，加強金融部門對扶貧的參與程度。隨著商業銀行改革的不斷深

化，中國農業銀行日益以追求商業利潤為核心，逐漸退出新疆農村金融市場；而現有的農村金融機構也普遍存在服務能力不足的問題（梁亞春，2014），因此有必要建立農村金融扶貧激勵約束機制。例如，單列信貸資源對接「五個一批」扶貧工程，對扶貧貸款實行單獨統計、單獨考核貧困地區的金融機構網點覆蓋率和行政村的金融服務覆蓋率，完善貧困地區普惠金融服務體系。鼓勵金融部門單獨研發扶貧開發金融產品，以滿足貧困地區和人群的金融服務需求。鼓勵其他商業銀行穩定縣域網點，單列涉農信貸計劃，下放貸款審批權限，健全績效考核機制，強化對「三農」薄弱環節的金融服務。

第四，由於貧困地區還有部分農村需要通電或通自來水、通信號或通公路，因而需要政府繼續投資於基礎設施和社會服務。此類公共產品和服務的供給，不僅能夠繼續為農牧民創造就業機會，而且還能為新疆經濟發展準備必要的物質條件。

3. 為農村勞動力轉移者提供就業指導服務

對於新疆偏僻落後的少數民族地區的農村剩餘勞動力來說，向城鎮轉移的過程實際上是從傳統的第一產業向現代工業和服務業轉移、從本民族聚集地區向多民族地區轉移的過程，他們面臨的風險更大，應對語言障礙、生存環境改變、就業門檻提高等問題的難度也更大。因此，政府應加大這方面的指導和幫助。必要的措施包括：首先當地政府從扶貧資金中拿出一定比例資金，用於勞動力流出地的項目培訓，培訓內容包括技能培訓、就業信息培訓、城市生活常識培訓和勞動保護知識培訓等。其次，城市勞動管理部門建立非營利性的勞動就業服務網路，向他們提供就業信息。最後，進一步推進少數民族地區的雙語教育，適當開設適應就業需求的知識和技能課程，增加他們參與社會經濟交往和獲得創業就業信息的機會。

（二）增加貧困人口的資產基礎

新疆貧困人口以少數民族為主，他們大多生活在社會經濟發展落後的

南疆地區，絕大多數受教育程度低，缺乏技術專長，在勞動力市場缺乏競爭優勢，沒有更多的就業門路；而落後的就業觀念、文化差異、語言障礙等又使得他們中的多數人不願外出打工，很難實現自主脫貧。

美國著名經濟學家邁克爾·謝若登提出的資產建設理論認為，窮人的收入只能維持消費，而擁有資產則能提高人的發展能力，降低貧困農戶面臨的風險，提高其參與經濟增長過程並從中獲得收益的能力。這裡的資產不僅包括金融財產，也包括知識、技能、健康、社會關係以及與其生活息息相關的決策能力。目前，中國不同區域的扶貧開發戰略目標是收入貧困的下降，對非收入貧困的重視相對不足，新疆也不例外，這無疑影響了貧困人口自我發展能力的提高。實際上，以收入貧困為目標的減貧是不可持續的，沒有任何資產的窮人即使暫時擺脫了收入貧困，未來也可能由於缺乏資產而重新陷入貧困。從這個角度講，增加窮人的資產基礎對減貧具有重要意義。

當然，在增加貧困人口的財產基礎的同時，要充分考慮到貧困家庭在獲得資產的經濟回報時也會面臨重重困難。窮人沒有任何資產，這些貧困家庭想要創業首先面臨的障礙就是缺乏經濟資產。此外，由於居住的地區交通運輸、電力、通信等基礎設施落後，使得他們面臨較高的交易成本和有限的經濟回報。因此新時期的扶貧工作除了注重增強和保護貧困人口的財產基礎，使其能夠更好地利用資產並從中獲得更多的經濟回報外，還需要制定向窮人傾斜的政策和有效的制度環境，確保窮人利用資產獲得最大收益。向窮人傾斜的政策，其範圍可以上至制定穩定的宏觀經濟政策以保證窮人家庭不受嚴重的通貨膨脹的影響；下至鼓勵窮人家庭向子女進行人力資本投資，以保證他們今後進入社會有一個好的資產基礎。

二、提高基本公共服務均等化，促進發展的公平性

免費義務教育、農村新型合作醫療、農村道路、飲用水等公共服務的

供給和基礎設施的改造對於貧困人口來說，既有生存保障的功能，也有發展促進的功能，有助於改善服務使用者的人力資本，提高其應對自然風險和市場風險的能力，從而有助於從根本上減少乃至消除貧困。從這個角度考慮，通過公共投資和社會援助保證貧困人口獲得免費或廉價的服務，有利於減少市場機制運行帶來的經濟不平等，或者說有利於縮小地區之間、行業之間和社會不同群體之間的經濟差距。

與其他地區相比，中央和地方財政資金對新疆農牧人口的教育和健康等公共服務的投入可觀。如2013年，國家率先在新疆南疆三地州實施高中階段免費義務教育，從長遠來看，這項政策對提高新疆人力資本具有重大意義。在基礎教育、基本醫療保障、農村基礎設施建設等方面的公共投資和社會援助不但極大減少了新疆的貧困，而且還全方位地改善了農牧民家庭的福利。但是與內地農村相比，新疆農牧區的教育和健康服務質量較差，服務利用率也比較低。若要通過提高教育和健康服務利用率來改善農牧民家庭的人力資本，關鍵還在於提高服務質量，改進服務供給者的激勵機制。

（一）提供更加公平的教育機會

教育水平對就業和居民收入有非常顯著的影響，普及教育對減少貧困，防止貧困代代相傳有非常積極的作用。貧困家庭的學習環境差，家長負擔能力不夠，對他們的子女教育要給予特殊的關注與政策。除了在南疆地區實施12年免費義務教育，也要對農村人口居住分散、中小學佈局調整後上學距離遠的地區的貧困家庭學生的寄宿費、生活費實行補貼政策，保證一定的補貼面和補貼的準確度，消除由於這方面原因導致的失學現象。還要為在城市地區打工的農民工子女提供平等的教學條件，提高其教學質量。兒童處於成長發育期，貧困使他們營養不良、發育遲緩，對他們的影響要遠遠大於成年人。針對兒童的營養不良問題，許多國家都實施了兒童營養補助計劃，取得了較好的效果，新疆可以在貧困地區推行營養餐計劃。可以考慮大幅減少或全免貧困家庭子女上公辦大學、職業學校的學費。從多

個方面提供更加公平的教育機會，做到貧困不傳代。

(二) 改善農村醫療服務的水平和質量

改善農村醫療服務，緩解因病致貧現象。因醫療費用負擔過重致貧仍然是一個突出的矛盾，對農村貧困的影響尤為突出。正在普及中的新型農業合作醫療制度在一定程度上緩解了這個問題，但有些問題並未根本解決。現行的新型農村合作醫療體系對醫療支出的償付率較低，醫療費的大部分仍需自己負擔。而農村貧困和低收入人口可能無力擔負自費部分，因此往往被排除在外，或者即使參合也無法受益。因此需要對貧困人口的醫藥自費部分提供一些特殊的補助。此外還需要解決農村低保和醫療救助體系與合作醫療體系的銜接，建立規範的制度，要從制度上解決外出務工人員的異地醫療報銷問題。應進一步開放醫療市場，打破壟斷，允許有資質的民辦醫療機構和鄉村醫生平等進入醫療服務體系，通過公平競爭抑制醫藥費價格。治理因病致貧應當從源頭抓起，要致力於改善包括安全飲水在內的農村基本生活環境，加強公共衛生防疫工作，普及衛生防疫知識，降低疾病和殘疾率的發生。首先，政策應傾向於支持農村，充分發揮城市帶動農村的發展模式，促進城鄉的經濟交流，暢通城鄉人口流動。其次，在衛生醫療領域，不斷探索適合區域情況的城鄉不同醫療衛生制度之間的資金流轉模式，改善那些從農村流向城市的農民工的基本醫療保障水平。最後，加大對農村基層的醫療衛生服務的支持，改善農村地區的醫療衛生服務水平。

三、拓寬貧困治理思路，提高扶貧有效性

(一) 建立多維貧困精準瞄準機制

未來新疆的扶貧工作應從收入、教育、健康等多個維度瞭解掌握貧困

農戶的基本情況並建檔立卡，通過建立多維貧困數據庫全面掌握當地的貧困狀況，進一步改進瞄準機制，從多維角度識別貧困人口，使扶貧工作瞄準真正的窮人。同時地方政府也應建立系統的多維貧困評價體系，並把多維貧困的測度結果納入政府決策參考中。

(二) 注重精神和思想上的扶貧

新疆少數民族人口貧困占總人口貧困的96%，其貧困形成原因十分複雜，其中人文因素的作用不可忽視。這些貧困人口一般生活在偏僻山區和沙漠邊緣，由於交通不便和語言障礙，與外界聯繫很少。他們主要以農耕和遊牧生活為主，受傳統習俗和宗教文化影響，不願受到工作的約束，大多數人安於現狀，對生活期望不高，寧可等著政府救濟，也不願意通過辛勤勞動擺脫貧困。傳統的思想觀念和不思進取的精神狀態是他們難以脫貧的根本原因。「治貧先治愚，扶貧先扶人」。要根治貧困人口的貧困，就必須向貧困人口傳輸先進的文化和價值觀，扭轉落後的觀念，從整體上提高他們的素質和發展潛能。

(三) 打造民生工程應注重市場機制

由於新疆長期存在經濟增長與社會發展的失衡，許多人認為政府應承擔更多的責任，政府應增加更多的社會性支出（如教育、醫療、社會保障等），在公共產品和服務提供方面發揮基礎性的作用，使貧困群體也能獲得相應的均等的服務。這種建議有其合理性和必要性，但是強調政府責任的同時也應明確政府的職責和「政府失靈」的問題（張曉晶等，2006）。拉美國家的減貧經驗表明過度的政府干預將導致低效率和腐敗。除此之外，過度的政府干預可能會助長貧困人口坐等救助的依賴思想，非常不利於為貧困人口建立適應市場的長效脫貧機制。打造民生工程需要政府介入，但是政府干預的負面影響也十分明顯，因此在政府扶貧過程中應尋求經濟增長與福利增加之間的平衡，防止因過度保障而帶來負面激勵。實際上這也

是尋求政府與市場之間的平衡。

(四) 加強反貧困進程中的政府治理

建立合理的公共財政扶貧機制，加強反貧困進程中的政府治理。財政扶貧的重點領域應該是城鄉一體化的社會保障體系和貧困地區基本的教育、衛生以及科技推廣等公共服務。各項農業的補貼政策要適當地向貧困農戶傾斜，使得貧困農戶從增加產出和勞動效率中獲得收益。為加強扶貧的力度和效果，可以考慮把分散在政府各部門的扶貧資源整合起來統一規劃，統一使用。加強對扶貧財政資金使用的績效評價，監督與問責制度。

四、實施社會保護，完善最低社會保障制度

從多個維度促進益貧式增長，不僅要通過投資農村基礎設施、發展特色產業幫助有勞動能力的人贏得發展的機會，改善貧困農戶的生產生活條件，還要建立健全農村最低社會保障制度，把那些無法參與到開發式扶貧過程中的極端貧困人口全部納入到農村低保體系中，使他們的生活得到基本保障。2007年新疆開始在各地區全面推行最低社會保障制度，但是在具體實施過程中，由於新疆社會經濟發展落後，地方財力薄弱，貧困人口眾多，致使有不少貧困人口未被納入低保體系中。而由於制定的低保標準較低，對促進和改善那些享受低保的貧困人口的發展也十分有限。

在新疆貧困地區，應對極端貧困和邊緣化的難題主要在於：第一，極端貧困人口的規模較大，當地的可用財政資源卻極為有限，以至於綜合性的貧困干預措施雖已採用，但是干預力度不夠強。第二，低保和扶貧項目的協調不夠，原因是兩類項目的分管機構協調不足，項目瞄準機制各異，信息平臺不一。第三，從兩類項目對目標群體的覆蓋狀況來看，覆蓋不足和福利洩露現象並存。因此，當前和今後，新疆消除極端貧困的關鍵，還是增強貧困地區的減貧行動的有效性。

實現開發式扶貧和最低社會保障制度相銜接，可採取以下主要措施：

（一）不斷完善最低社會保障標準與物價水平的聯動機制

新疆城鄉低保標準較低。近幾年，以食品類價格上漲為主要推手的新疆居民消費價格指數漲幅很快，給貧困人口的生活帶來了沉重的負擔。2011年新疆建立了低保標準與物價上漲的聯動機制，規定居民消費價格指數上漲超過3.8%時，以地（州、市）為單位，啟動聯動機制，超過3.8%的部分，每增長1個百分點，低保對象每人每月增加12元。今後應繼續對本地居民最低生活必需品及其價格變動進行及時調查和測算，並結合當地的經濟發展水平、居民收入和消費水平等，科學合理地確定最低生活消費需求，建立常態化的聯動機制。

（二）建立申請救助家庭的經濟狀況信息共享機制

在發達省份，民政系統的貧困家庭和個人數據庫，是所有的政府部門和公共服務機構獲取相關信息的平臺。在此基礎上，各機構之間可以進行數據交換和信息交流。這樣明顯有利於節約組織成本，強化扶貧力度。因此，新疆各地州、縣市相關民政部門應在調查核實的基礎上，與公安、工商、稅務、金融、人力資源保障等相關部門合作建立動態信息查詢平臺，及時瞭解即將申請和已享受低保家庭的財產和收入狀況，從而使各項扶貧政策能夠更加精確地瞄準貧困人口。

（三）拓寬低保資金籌資渠道

通過拓寬低保資金籌資渠道，穩定低保資金來源。首先，增加中央政府向貧困地區低保項目的撥款，以使所有的極端貧困家庭和個人獲得生存保障。其次，新疆政府應承擔融資責任，穩定低保資金來源。各地州、縣市也應從當地財政中抽取一定比例的資金作為低保資金。最後，各級民政部門也應通過爭取社會捐贈、慈善捐款等拓寬籌資渠道。

(四) 擴寬扶貧政策的干預領域

目前，扶貧政策中的食品保障目標，強調的是免除貧困人口的饑餓。為了切斷貧困的代際傳遞，還需要從孕產婦和兒童的營養干預入手。一些民間組織在兒童營養方面的工作，已經取得了優良的成果（中國發展研究基金會，2011）。因此，有必要將這些經驗推廣到新疆貧困地區，並需要政府設立長期干預項目。

(五) 加強新疆各級社會救助管理機構建設

低保工作的健康運行要求有人、財、物等資源的充分保證，自治區人民政府應進一步規範低保工作體系，在人員、經費配置等方面適當向基層傾斜；通過培養與引進人才，逐步建立專業化的社會救助工作隊伍；不斷完善社會救助信息化管理系統，通過與公安、工商、金融、住房城鄉建設等多個部門的信息系統銜接，實現對貧困人口的動態管理。

研究展望

　　益貧式增長的多維測度方法仍需要不斷完善，新疆益貧式增長的形成機制仍需要不斷探索，仍有很多重要問題值得進一步探討。

　　新疆城市和農村貧困人口面臨的複雜情況應受到足夠的重視。實際生活中貧困除包括收入、健康、醫療、社會保障和就業等內容外，還應包括實物資產、人力資本、社會資本，以及壽命和性別平等等多方面的內容。從貧困的更多維度出發研究益貧式增長將有助於制定和執行更具針對性的益貧策略。

　　近三十年來，新疆在解決極端貧困問題方面取得了突出的成果，到2020年，極端貧困現象有望被基本消除。但是不斷擴大的收入和非收入方面的差距使得政策重心必須轉向為所有人創造更多的機會。為了讓未充分就業的人找到體面並有經濟價值的工作，新疆需要通過經濟增長創造大量的就業機會，同時保證這些機會被公平分享，即實現益貧式增長。

　　益貧式增長保證機會平等，讓所有的人都享受到經濟增長的果實，同時避免極度貧困，這就需要我們三管齊下。第一，為了創造新的有經濟價值的就業機會，必須確保經濟增長是有效率的、可持續的和環境友好的。第二，必須保證公平競爭的經濟環境，從而使得每個人都能獲得就業機會，並從這些就業機會中受益。第三，為了確保消除極度貧困，必須建立有效

的和有效率的社會保障體系。雖然就業機會的創造是企業層面的問題，但是企業經營所處的環境會受到公共政策和公共投資的影響。為了切實消除因個人背景或外部環境因素造成的不平等，確保給社會所有階層和所有地區創造一個公平的競爭環境，新疆需要在公共政策的制定、公共投資的實施制度及治理方面進行進一步改革。

　　實現經濟的持續快速增長有賴於益貧程度的不斷提高，實施益貧式增長戰略是新疆社會經濟發展自然演化的結果。但是改革的進程是相當複雜和費力的，這是因為經濟增長需要與以減少機會不平等為目標的政策、制度和治理的改革同步進行。在21世紀，新疆要實現多維益貧式增長，還有很長的路要走。

參考文獻

[1] Kimenyi M. Economic Reforms and Pro-Poor Growth: Lessons for African and Other Developing Regions and Economies in Transition [R]. University of Conneticut Department of Economics, 2006.

[2] Ravallion M, Chen S. China's (uneven) progress against poverty [R]. World Bank, 2008.

[3] Ravallion M, Datt G. Why has economic growth been more pro-poor in some states of India than others? [J]. Journal of Development Economics, 2002, 68: 381-400.

[4] Whitfield L. Pro-Poor Growth: a review of contemporary debates [EB/OL]. (2008-5-20) [2016-7-31]. http://www.diis.dk/epp.

[5] Chenery H, Ahluwalia M. Redistribution with growth [M]. London: Oxford University Press, 1974.

[6] Ravallion M. Growth, inequality and poverty-Looking beyond averages [J]. World Development, 2001, 29 (11): 1803-1815.

[7] Bourguignon F. The Poverty-Growth-Inequality triangle [R]. Indian Council for Research on International Economic Relntions new Delhi Working Papers, 2004.

[8] Ravallion M. Pro-Poor Growth: a Primer [M]. Washington D C: World Bank, 2004.

[9] Kakwani N, Son H. Pro-poor growth: The Asian experience [M]. London: Palgrave Macmillan, 2008.

[10] Lopez J H. Pro-poor growth: a review of what we know (and of what we don't) [R]. Washington D C: World Bank, 2006.

[11] Kraay A. When is growth pro-poor? Evidence from a panel of countries [J]. Journal of Development Economics, 2006, 80: 198-227.

[12] Klasen S. Pro-poor growth and gender inequality [M]. Berlin: Duncker &Humblot, 2006: 151-179.

[13] DFID. What is pro-poor growth and why do we need to know? [R]. [S. l.: s. n.], 2004.

[14] Lopez H. Pro-Poor, Pro-Growth: Is there a Trade-off? [M]. Washington D C: World Bank, 2004.

[15] OECD. Promoting Pro-Poor Growth: Key Policy Messages [R]. [S. l.: s. n.], 2006.

[16] Stewart F, Lall S, Wangwe S. Alternative Development Strategies: an overview. In Alternative Development Strategies in Sub-Saharan Africa [M]. London: Macmillan Press, 1992.

[17] Klasen S. In Search of the Holy Grail: how to achieve pro-poor growth? [M] //B Tungodden, N Stern, I Kolstad. Toward Pro-Poor Policies: aid, institutions and globalization. New York: Oxford University Press, 2004.

[18] Hans P Binswanger, Jaime B Quizon. Agriculture and Rural Development [R]. Washington D C: World Bank, 1984.

[19] Ravallion M, Chen S. China's (Uneven) progress against poverty [J]. Journal of Development Economics, 2007, 82: 1-42.

[20] Wenefrida W, Asep S, Sudarno S, et al. The Relationship between

Chronic Poverty and Household Dynamics: Evidence from Indonesia [M]. [S. l.: s. n.], 2009.

[21] Fan S, Rao N. Public investment and poverty reduction: A synthesis of issues, methods and major findings [M]. Washington D C: International Food Policy Research Institute, 2002.

[22] Shenggen Fan, Connie Chan-Kang. Road Development, Economic Growth and Poverty Reduction in China [M]. Washington D C: Interational food policy research institute, 2005.

[23] Songco J A. Do Rural Infrastructure Investments Benefit the Poor? [R]. Washington D C: World Bank, 2002.

[24] Khan A R, Riskin C. Inequality and poverty in China in the age of globalization [M]. New York: Oxford University Press, 2001.

[25] Robinson R. Decentralization of road administration: Case studies in Africa and Asia [J]. Public Administration and Development, 2001, 21 (1): 53-64.

[26] Huffman W E. Allocative efficiency: the role of human capital [J]. Quarterly Journal of Economics, 1977, 91: 59-77.

[27] 朱玲, 魏眾. 包容性發展與社會公平政策的選擇 [M]. 北京: 經濟管理出版社, 2013.

[28] 黃承偉, 等. 國際減貧理論與前沿問題 2012 [M]. 北京: 中國農業出版社, 2012.

[29] 中國發展研究基金會. 中國發展報告 2007: 在發展中消除貧困 [M]. 北京: 中國發展出版社, 2007.

[30] 莊巨忠. 亞洲的貧困、收入差距與包容性增長: 度量、政策問題與國別研究 [M]. 北京: 中國財政經濟出版社, 2012.

[31] Warr P G. Poverty indicence and economic growth in Southeast Asia [J]. Journal of Asian Economics, 2000, 11: 431-441.

［32］Duclos J, Wodon Q. What is pro-poor?［J］. Social Choice and Welfare, 2009, 32（1）: 37-58.

［33］王朝明. 中國農村30年開發式扶貧：政策實踐與理論反思［J］. 貴州財經學院學報, 2008（6）: 78-84.

［34］劉暢. 宏觀經濟政策對中國益貧式增長的影響［J］. 財經問題研究, 2011（4）: 17-26.

［35］韓秀蘭, 李寶卿. 益貧式增長與社會機會分配［J］. 統計研究, 2011（12）: 41-48.

［36］劉林, 龔新蜀, 李翠錦. 邊疆地區農村貧困程度的測度與模擬分析——以新疆維吾爾自治區為例［J］. 統計與信息論壇, 2011, 26（8）: 83-88.

［37］周華. 益貧式增長的定義、度量與策略研究——文獻回顧［J］. 管理世界, 2008（4）: 160-166.

［38］周華, 李品芳, 崔秋勇. 中國多維度益貧式增長的測度及其潛在來源分解研究［J］. 數量經濟技術經濟研究, 2011（5）: 37-49.

［39］錢微, 郭豔芹.「十二五」時期新疆扶貧開發的戰略思考［J］. 新疆財經大學學報, 2012（1）: 25-29.

［40］楊引官, 孟戈. 加快推進新疆邊境扶貧試點的思考［J］. 新疆農墾經濟, 2013（8）: 53-62.

［41］餘小明, 趙國明. 新疆現階段反貧困進程的評價及分析［M］. 烏魯木齊：新疆人民出版社, 2007.

［42］王小林, 等. 中國多維貧困測量：估計和政策含義［J］. 中國農村經濟, 2009（12）: 4-23.

［43］林伯強. 中國的經濟增長、貧困減少與政策選擇［J］. 經濟研究, 2003（12）: 15-25.

［44］鄭長德.「益貧式」發展：新階段民族地區發展的道路選擇［J］. 區域競爭力, 2010（6）: 47-54.

[45] 盧現祥,徐俊武.中國共享式經濟增長實證研究——基於公共支出、部門效應和政府治理的分析[J].財經研究,2012(1):27-35.

[46] 朱農,駱許蓓.收入增長、不平等和貧困——中國健康與營養調查數據分析[J].中國人口科學,2008(2):12-23.

[47] 張萃.中國經濟增長與貧困減少——基於產業構成視角的分析[J].數量經濟技術經濟研究,2011(5):51-63.

[48] 張全紅,張建華.中國農村貧困變動:1981—2005年——基於不同貧困線標準和指數的對比分析[J].統計研究,2010(2):28-33.

[49] 阮敬,紀宏.親貧困增長分析的理論基礎及其改進框架[J].統計與信息論壇,2009(11):29-39.

[50] 盧現祥,周曉華.有利於窮人的經濟增長(PPG)——基於1996—2006中國農村貧困變動的實證分析[J].福建論壇(人文社會科學版),2009(4):95-101.

[51] 新疆維吾爾自治區人民政府.新疆維吾爾自治區《中國農村扶貧開發綱要(2011—2020年)》實施辦法[EB/OL].[2016-08-24].http://www.xj.cei.gov.cn.

[52] 王朝明.中國農村30年開發式扶貧:政策實踐與理論反思[J].貴州財經學院學報,2008(6):78-84.

[53] 張磊.中國扶貧開發政策演變:1949—2005年[M].北京:中國財政經濟出版社,2007.

[54] 世界銀行.中國90年代的扶貧戰略[M].北京:中國財政經濟出版社,1994.

[55] 羅知.地方財政支出與益貧式經濟增長:基於中國省際數據的經驗研究[J].武漢大學學報:哲學社會科學版,2011(5):75-80.

[56] 吳忠,等.國際減貧理論與前沿問題:2010[M].北京:中國農業出版社,2010:131-140.

[57] 林毅夫,等.以共享式增長促進社會和諧[M].北京:中國計

劃出版社, 2008: 202-209.

[58] 張萍, 粟金亞. 資產建設理論視角下農村貧困救助政策的啟示[J]. 經濟與管理, 2012 (9): 26-28.

[59] 魯元平, 張克中. 經濟增長、親貧式支出與國民幸福——基於中國幸福數據的實證檢驗 [J]. 經濟學家, 2010 (11): 5-13.

[60] Heckman J, Moon S, Pinto R, et al. The Rate of Return to the High Scope Perry Preschool Program [J]. Journal Public Economic, 2010, 94: 114-128.

國家圖書館出版品預行編目(CIP)資料

多維視角下新疆益貧式增長研究 / 張慶紅 著. -- 第一版.
-- 臺北市：財經錢線文化出版：崧博發行, 2018.12
　　面 ；　　公分
ISBN 978-957-680-287-4(平裝)
1.區域經濟 2.經濟發展 3.新疆維吾爾自治區
552.2　　　　　107019123

書　名：多維視角下新疆益貧式增長研究
作　者：張慶紅 著
發行人：黃振庭
出版者：財經錢線文化事業有限公司
發行者：崧博出版事業有限公司
E-mail：sonbookservice@gmail.com
粉絲頁　　　　　　網　址：
地　址：台北市中正區延平南路六十一號五樓一室
8F.-815, No.61, Sec. 1, Chongqing S. Rd., Zhongzheng Dist., Taipei City 100, Taiwan (R.O.C.)
電　話：(02)2370-3310　傳　真：(02) 2370-3210

總經銷：紅螞蟻圖書有限公司
地　址：台北市內湖區舊宗路二段 121 巷 19 號
電　話：02-2795-3656　傳真：02-2795-4100　網址：
印　刷：京峯彩色印刷有限公司（京峰數位）

　　本書版權為西南財經大學出版社所有授權崧博出版事業有限公司獨家發行電子書及繁體書繁體版。若有其他相關權利及授權需求請與本公司聯繫。
定價：350元
發行日期：2018 年 12 月第一版
◎ 本書以POD印製發行